Tucholsky Wagner Zola Scott Sydow Freud Schlegel

Turgenev Wallace Fonatne

Twain Walther von der Vogelweide Fouqué Friedrich II. von Preußen

Weber Freiligrath Frey

Fechner Fichte Weiße Rose von Fallersleben Kant Ernst Richthofen Frommel

Hölderlin

Fehrs Engels Fielding Eichendorff Tacitus Dumas

Faber Flaubert

Feuerbach Maximilian I. von Habsburg Fock Eliasberg Zweig Ebner Eschenbach

Ewald Eliot Vergil

Goethe Elisabeth von Österreich London

Mendelssohn Balzac Shakespeare Dostojewski Ganghofer

Trackl Lichtenberg Rathenau Doyle Gjellerup

Stevenson Hambruch

Mommsen Tolstoi Lenz Droste-Hülshoff

Thoma Hanrieder

Dach Verne von Arnim Hägele Hauff Humboldt

Reuter Rousseau Hagen Hauptmann Gautier

Karrillon Garschin

Damaschke Defoe Hebbel Baudelaire

Descartes

Hegel Kussmaul Herder

Wolfram von Eschenbach Dickens Schopenhauer Rilke George

Bronner Darwin Melville Grimm Jerome

Campe Horváth Aristoteles Bebel Proust

Bismarck Vigny Barlach Voltaire Federer Herodot

Gengenbach Heine

Storm Casanova Tersteegen Gilm Grillparzer Georgy

Chamberlain Lessing Langbein Gryphius

Brentano

Strachwitz Claudius Schiller Lafontaine Kralik Iffland Sokrates

Katharina II. von Rußland Bellamy Schilling

Gerstäcker Raabe Gibbon Tschechow

Löns Hesse Hoffmann Gogol Wilde Gleim Vulpius

Luther Heym Hofmannsthal Klee Hölty Morgenstern Goedicke

Roth Heyse Klopstock Puschkin Homer Kleist

Luxemburg La Roche Horaz Mörike Musil

Machiavelli Kierkegaard Kraft Kraus

Navarra Aurel Musset Lamprecht Kind Kirchhoff Hugo Moltke

Nestroy Marie de France Laotse Ipsen Liebknecht

Nietzsche Nansen Ringelnatz

Marx Lassalle Gorki Klett

von Ossietzky May Leibniz

vom Stein Lawrence Irving

Petalozzi

Platon Knigge

Sachs Pückler Michelangelo Kock Kafka

Poe Liebermann Korolenko

de Sade Praetorius Mistral Zetkin

Stefan Fadinger

Ein deutsches Bauernlied auf fliegenden Blättern

Franz Keim

Impressum

Autor: Franz Keim
Umschlagkonzept: toepferschumann, Berlin

Verlag: tredition GmbH, Hamburg
ISBN: 978-3-8424-9114-4
Printed in Germany

Text der Originalausgabe

Franz Keim

Stefan Fadinger

Ein deutsches Bauernlied auf fliegenden Blättern

Meiner lieben Heimat Oberösterreich!

Erstes Blatt.

Grüßgott des Spielmanns.

Heißa! was horchen kann.
Alles soll schweigen;
Ich bin der Landspielmann
Mit meiner Geigen.

Leer ist mein Rückensack,
Hemd ist zerrissen,
Wetter und Hundepack
Hat dreingebissen.

Freu' mich am Sonnenschein,
Freu' mich am Regen,
Schlägt auch der Blitz darein,
Hab' nichts dagegen.

Wintersfrost, Sommersglut,
Hagel und Schloßen
Färbt meinen Spielmannshut
Grüngelb verschossen.

Berghinauf, talhinab
Komm' ich gezogen,
Wie einen Wanderstab
Schwing' ich den Bogen.

Ins kleinste Häusel gern
Komm' ich geschritten,
Aber zu großen Herrn
Lass' ich mich bitten.

Wenn's auf dem Heerweg staubt,
Blitze mich blenden,
Weiß ich mein armes Haupt
In Gottes Händen.

Mir zur Lust, ihm zur Ehr'
Lass' ich's erklingen
Ueber die Saiten her,
Daß sie zerspringen.

Vogelfrei durch die Welt
Wandern die Raben,
Wenn mich kein Wirt behält,
Schlaf' ich im Graben.

Träumt sich in freier Luft
Sternhell und heiter,
Wenn mich der Morgen ruft,
Fecht' ich mich weiter.

Fern von der Kirchentür,
Hübsch nah beim Keller,
Bring' ich mein Ständel für,
Kost't keinen Heller.

Heißa! was horchen kann,
Alles soll schweigen,
Ich bin der Landspielmann
Mit meiner Geigen.

Stellt euch auf Tisch und Bank,
Horcht fein von Herzen,
Gebt mir als Spielmanns Dank
Einen Krug Märzen!

Zweites Blatt

Der armen Leut' Gebet Anno 1626

Versammelt war der Stände Zahl
Mit stattlichem Gepränge
Zu Linz im hohen Landhaussaal,
Der Raum war schier zu enge.

Da gab's Gesichter streng und hart,
Gesichter feist und schwellend,
Prälatenkinn und Knebelbart
Zum Vollbauch sich gesellend.

Da gab's Perücken grau und schwarz,
Goldkettlein, Degen, Bänder,
Schönpflästerlein, Geruch von Harz
Und purpurne Gewänder.

Ein Zungenwirrwarr ging durchs Haus,
Schwarmbienen zu vergleichen.
Bis plötzlich durch den Saus und Braus
Erklingt der Glocke Zeichen.

Das Wort verstummt, man unterbricht
Gebärdenspiel und Sprache,
Der Landeshauptmann Kueffstein spricht
Zur allgemeinen Sache:

»Hochwürdige, edle, weise Herrn!
Der Ordnung feste Stützen!
Am Himmel seh' ich manchen Stern
Unheilverkündend blitzen.

Der Däne fiel ins Reich herein
Mit Raub und Mord und Plagen;
Gott sei gedankt! der Wallenstein
Hat ihn hinausgeschlagen.

Am Rheine lauert der Franzos,
Läßt Gold und Silber werben.
Sät Unkraut in des Reiches Schoß
Und Zwietracht und Verderben.

Krank ist die Ordnung, schwach das Recht,
Und 's Elend zu vergrößern,
Empört sich unser eigner Knecht
Auf Burgen und auf Schlössern.

Gestorben sind Respekt und Zucht,
Allstündlich wächst das Uebel,
Der Bauer spielt den Herrn und flucht.
Beruft sich auf die Bibel.

Mitstände, helft, bevor's zu spät!
Laßt uns der Seuche steuern,
Gehorsam Seiner Majestät
Und Kurfürst Max von Bayern.

Ich geh' voran nach Recht und Pflicht,
Will mannhaft mich erweisen:
Hilft christliche Ermahnung nicht,
So hilft nur Blut und Eisen.«

So spricht der Graf. Des Beifalls Dank
Braust auf zur Wölbung mächtig,
Da hebt sich auf der höchsten Bank
Ein Männlein, zart und schmächtig.

Vor seiner Brust hat's einen Stern,
Krampfgicht in Knie und Waden,
Es hält sich steif wie große Herrn
Und nennt sich »Seine Gnaden«.

Es hüstelt: »Hocherlauchter Rat!
Auch ich bin nicht im Zweifel,
Uns plagt die böse Glaubenssaat
Vom Luther und vom Teufel.

Einbildung macht die Köpfe dumm,
Verblendung macht sie sicher;
Ich gebe was ihr wollt darum,
Sie lesen zu viel Bücher.

Sie fordern alles schwarz auf weiß,
Was Menschenwitz verschlossen.
Der Kirche, unsrer Mutter, Schweiß
Wird ganz umsonst vergossen.

In manchem Pfarrdorf sind nicht drei,
Die gotteswürdig beten,
Und Beichtstuhl, Kanzel, Sakristei
Sind ausgestorbne Stätten.

Ja, vor der Kirchtür hält man Schmaus
Und Kurzweil und Spektakel,
Und drinnen tanzt die Kirchenmaus
Und schläft im Tabernakel.

Gebt acht! Jehovas Fittich rauscht –
Kehrt um, kehrt um zum Alten!
Wird nicht das Regiment vertauscht,
Wird Gottes Blitz euch spalten.

Ich warn' euch treu, ich warn' euch laut,
Ihr alle seid verblendet,
Es kommt der Tag, davor euch graut,
Der Wind hat sich gewendet.«

Wie sich das Männlein keuchend setzt,
Gibt's Beifall bei den Frommen;
Doch mancher murmelt: »Gut gehetzt!«
Und mancher schweigt beklommen.

Herr Grundemann von Falkenau,
Der Vizedom, starrt finster;
Es senkt das Haupt andächtig schlau
Der Stiftsabt von Kremsmünster.

Graf Starhemberg von Efferding
Wölkt Stirn und Brauen dunkel,
Graf Meggau dreht den Siegelring
Und spielt mit dem Karfunkel.

Doch plötzlich schnellt er auf vom Sitz
Und ruft halb durch die Nase:
»Ihr Herrn, der Rede kurzer Witz
Ist doch nur eine Blase.

Ich will als Kavalier und Christ
Mich selbst nicht so entadeln –
's wär zu viel Ehre für den Mist,
Wollt' ich ihn auch nur tadeln.

Zeigt unser Bauer nicht Verstand,
Wird man zur Peitsche greifen;
Dann frißt das Volk uns aus der Hand
Und tanzt so wie wir pfeifen.«

»Doch, wenn die Peitsche dir zerbricht?«
Ruft Zinzendorf mit Lachen –
»Das arriviert dem Meggau nicht,
Im schlimmsten Fall soll's krachen!« –

»Und wenn es kracht,« fragt Losenstein,
»Wer ist dann Wild, wer Jäger?« –
Da führt man durchs Portal herein
Des Grafen Salburg Pfleger.

Der wandelt schweigend durch den Raum,
Neigt sich vorm grünen Tische,
Als ob er einen bösen Traum
Erst von der Stirn sich wische.

Graf Kueffstein spricht: »Wie steht's, mein Sohn?
Wir haben Euch gesendet,
Die geistliche Kommission,
Habt Ihr das Werk beendet?«

»Beendet? – Hoher, gnädiger Herr!
Das Wort scheint mir vermessen,
Solch Ende sah ich nimmermehr,
Kann's nimmermehr vergessen.

O armes Volk von Leonstein!
Im Dorf sind die Soldaten,
Im Pfarrhof sind die Mönche drein,
Es plündern die Kroaten.

Die Guardia kam mit Saus und Braus,
Die Glocke gab das Zeichen,
Da floh das arme Volk hinaus.
Dem Jammer zu entweichen.

Zerstört ist Hab und Gut und Glück,
Nur Jammern blieb und Trauern,
Nur Greis und Krüppel blieb zurück
In den verlassenen Mauern.

Dahin ist Freud' und Fried' und Zier,
Sie müssen elend sterben
Im Walde, wie das wilde Tier;
Oh, laßt sie nicht verderben!«

So spricht der Pfleger. Alles schweigt,
Ringsum herrscht Totenstille;
Der greise Graf von Salburg neigt
Sein Haupt: »'s war nicht mein Wille!

Ich widerriet's euch, edle Herrn,
Salburg hat's nicht beschlossen,
Des armen Volks verschont' ich gern;
Weh uns, wenn Blut geflossen!«

Indem der Greis die Worte ruft,
Kommt durch des Fensters Bogen
Ein frischer Hauch der freien Luft
Und ein Gesang gezogen.

»Dein ist die Ehr' in Ewigkeit,
Allmächtiger Herr der Welten;
Lass' uns das schwere Joch der Zeit
Ertragen sonder Schelten.

Verwirf uns nicht, Herr Jesu Christ!
Wir woll'n dein Fähnlein tragen.
Weil du der Armut Schirmvogt bist,
Wird uns der Feind nicht schlagen.

O komm herab, du Heiliger Geist,
Du Trost betrübter Herzen,
Du Licht, das uns zum Himmel weist
Aus diesem Tal der Schmerzen.

Wend' ab, wend' ab den bösen Streich
Unseliger Zeiten Wandel,
Beschirm' den Kaiser und das Reich
Und unser armes »Landel«!« –

So tönt der heilige Sang herein,
Und manches Herz muß pochen;
Das arme Volk von Leonstein
Hat sein Gebet gesprochen. –

Drittes Blatt

Das Reformationspatent

Die große Trummel geht herum,
Die Lärmtrompeten schmettern.
Der Viertelsausschuß wandelt frumm,
Geführt von Rat und Vätern.

Man schaut's an jedem Ort und End
Gedruckt in allen Sorten:
Das Reformationspatent
Ist endlich Fleisch geworden.

Verbirgt sich wo ein Protestant,
Der soll sein' Sach' verkaufen,
Mit Sack und Pack hinaus zum Land,
Die Frist ist abgelaufen.

Der Hochwohlweise Magistrat
Kommt feierlich geschritten,
Es zittert Linz, die gute Stadt,
Vom Beten und vom Bitten.

Da ist kein Staffelstein zu schief,
Kein Rinnsal zu zerbrochen,
Kein Bürgersteig zu hoch, zu tief,
Das Völklein kommt gekrochen.

Es wimmelt ein Walpurgistanz
Von gottberauschten Herzen,
Die Weiblein mit dem Rosenkranz,
Die Männlein mit den Kerzen.

Hei! was man da Gesichter sieht
Mit aufgestülpten Nasen,
Sie singen manches fromme Lied
Mit Gurgeln und mit Blasen.

Ein Pfründner betet vor mit Kraft:
»Herr, laß dein Volk nicht lästern!«
Er führt die fromme Bruderschaft
Und die gottseligen Schwestern.

Es kommt ein frommer Advokat
Dem Zug voran gestiegen,
Schulmeister Pips, geschniegelt glatt,
Weiß schlau sich anzuschmiegen.

Baßgeigenmacher Michel Stark
Geht stolz mit den Erwählten,
Er denkt: »Es ist mir alles Quark,
Der Brummbaß muß doch gelten.«

Vergolder Bleiglanz lächelt fein:
»Ich sag's zu allen Stunden,
Die Heiligen mit dem Glorienschein
Sind meine besten Kunden.«

Manch scharlachrotes Regendach
Schwebt überm Haupt als Himmel;
Der Geist ist stark, der Leib ist schwach:
Da hilft ein Tröpflein Kümmel.

So wandeln Weib und Kind und Mann,
Die Jungen und die Alten,
Gemächlich bis zum Domplatz an,
Wo sie die Heerschau halten.

Wer steht da vor der Kirchentür
Und gibt dem Volk den Segen
Gewaltig wie ein Bischof schier?
Ein starker Gottesdegen!

Er hält das Buch der heiligen Schrift,
Er schwitzt im Dienst der Geister:
Das ist vom Kapuzinerstift
Der Pater Kellermeister.

Karfunkelrot ist sein Gesicht,
Karfunkelrot die Nase,
Weindurstig wie ein Kellerlicht
Glüht's Aeuglein hinterm Glase.

Zum Bäuchlein spricht der Lendenstrick:
Bis hierher und nicht weiter!
Das Bäuchlein protestiert zurück:
Taugst du nicht, taugt ein zweiter.

Von unsers Paters Antlitz rinnt
Der Schweiß in üppigen Bächen,
Sein ungeheurer Mund beginnt
Zur frommen Schar zu sprechen:

»Ihr seid verdammt durch Evas Schuld,
Ihr lebt wie Heid' und Türken,
Ich aber will euch Gottes Huld
Mit meiner Kraft erwirken.

Wacht auf, wacht auf vom Sündenschlaf!
Werft ab Gomorrhas Ketten!
Ist hier noch ein verlornes Schaf,
So bringt's, ich will es retten.

Ich führ's hinein durchs Himmelstor,
Gehüllt in reine Kleider« – – –
Da springen drei Bekehrte vor
Und packen – einen Schneider.

Der Schneider hüpft, der Schneider springt,
Er zittert um sein Leben,
Doch weil ihm keine Flucht gelingt,
So muß er sich ergeben.

»Was birgst du unterm Hosenlatz?«
So inquiriert der Meister,
»Heraus mit dem verborgnen Schatz!
Oh! – Alle guten Geister!

Ein Buch der höllischen Magie?
Seht! – laßt ihn nicht entweichen! –
Herrn Kepplers, Mathematici,
Tierkreis und Himmelszeichen.

Ein Drudenfuß ist draufgeklext,
Oh, wie wir das schon kennen!
Weicht weit von ihm! Er ist behext.
Der Schneider muß verbrennen!« –

Behext! Da wird's dem Mannsvolk warm,
Das Weibsvolk kreischt in Krämpfen,
Der Teufelsbanner hebt den Arm,
Er will den Aufruhr dämpfen.

Behext! behext! So heult's im Troß,
So schreit's mit hundert Zungen,
Die drei Bekehrten lassen los –
Der Schneider ist entsprungen.

Viertes Blatt

Der Exulant

Leb' wohl, mein schönes Vaterland,
Von Herzen laß dich preisen!
Ich bin ein armer Exulant
Und muß ins Elend reisen.

Leb' wohl, mein grünes Engelszell!
Den Hut tu' ich hoch schwingen –
Ihr Kirchenglocken rein und hell,
Ich hör' euch nie mehr klingen.

Leb' wohl, du weißes kleines Haus,
Ihr Straßen und ihr Gassen,
Ich muß durchs alte Tor hinaus.
So einsam und verlassen.

Und unterm Tor, da fällt mir's ein,
Ich seh' ein Fenster blinken,
Es wird mein liebes Schätzel sein,
Sie tut mir Abschied winken.

Sie winkt und winkt und weint vor Schmerz,
Das will die Kraft mir rauben.
Leb' wohl, mein Glück, mein einzig Herz,
Und bleib bei deinem Glauben!

Ich muß als fremder Flüchtling gehn
Im Hohlweg und im Schatten;
Lebt wohl auf Nimmerwiedersehn,
Ihr Dörfer und ihr Matten!

Fort muß ich in die weite Welt,
Friedlos und ohne Segen,
Kein Stein ist mein im freien Feld,
Darauf mein Haupt zu legen.

Fahr wohl, mein schönes Oesterreich!
Ihr Brüder in der Runde,
O denkt an mich, wie ich an euch
In meiner letzten Stunde!

Fünftes Blatt.

Das Frankenburger Würfelspiel.

Es steht ein Baum im Winde
Auf dem Haushammerfeld,
Das ist die alte Linde,
Die hat mir viel erzählt.

Es hat in ihren Zweigen
Gar wunderlich gerauscht,
Es war ein düstrer Reigen,
Horcht auf, was ich erlauscht.

In seiner Knechte Mitten
Auf seinem schwarzen Roß
Kam Herberstorf geritten
Zum Frankenburger Schloß.

Es war kein Abenteuer,
Darauf ihm stund der Mut;
Vor ihm stieg auf das Feuer
Und hinter ihm floß Blut.

Oed war's auf seinen Wegen,
Verwüstet und verwaist.
Er zog dem Volk entgegen
Recht wie der böse Geist.

Die Glocken ließ er klingen
Von jedem Kirchenturm
Und die Trompeten singen
Als wie zu Kampf und Sturm.

Er ließ hochauf im Fluge
Sein flatternd Banner wehn,
Und hinterdrein dem Zuge
Den roten Freimann gehn.

Es war ihm Lust, zu schwächen
Den Freiheitsgeist im Land,
Den Ketzertrotz zu brechen
Mit seiner Eisenhand.

Und er ließ Ordnung schaffen:
Demütig stand im Kreis,
Ganz ohne Wehr und Waffen,
Das Volk auf sein Geheiß.

Zu Rosse saß der Rächer,
Die Alten aus dem Gau,
Gefesselt wie Verbrecher,
Führt man ihm vor zur Schau.

Wohl dreißig greise Männer
Stehn zitternd um ihn her,
Er blickt von seinem Renner,
Als ob er steinern wär'.

»Ihr wißt, daß ich im Lande
Statthalter Bayerns bin,
Ihr tut mir Spott und Schande,
Geduld, so fahr denn hin!

Ich will ein Beispiel geben.
Seht ihr die Linde dort?
Ihr habt verwirkt das Leben.
Führt sie zum Henker fort!«

Da jammern laut die Alten:
»Wir haben Kind und Weib,
O Herr! laß Gnade walten,
Verschone unsern Leib!«

»Ihr sollt zur Sühne schreiten
Paarweis zum Würfelspiel;
Es soll den Mantel breiten
Der Henker euch als Pfühl.

Ich hab' hier achtzehn Schlingen,
Ihr würfelt schwarz und rot.
Ich wünsch' euch gut Gelingen,
Ihr würfelt um den Tod.

Wer schwarz wirft, der mag wandern,
Frei jeden Weg und Steig;
Der Henker faßt den andern
Und hängt ihn an den Zweig.«

Da stoßen rauh die Knechte
Zur Linde zwei um zwei.
Ein jeder hebt die Rechte,
Und ruft: »Gott steh mir bei!«

Wer schwarz wirft, darf umfangen
Sein schaudernd Weib und Kind,
Wer rot wirft, wird gehangen
Und baumelt hoch im Wind.

Der Henker hebt vom Rasen
Sein dunkelschwarzes Tuch,
Und die Trompeten blasen,
Vollzogen ist der Spruch.

Stumm von der Linde grüßen
Die Toten Kind und Weib,
Das Kriegsvolk mit den Spießen
Verschändet ihren Leib.

Graf Herberstorf der Degen
Will fort vom Schreckensbaum,
Da tritt ein Weib verwegen
Vors Roß und faßt den Zaum.

»Du bist es, den ich suche,
Werwolf, ich fürcht' dich nicht;
Du bist's, den ich verfluche
Vor Gottes Angesicht.

Schnöd bist du abgefallen
Von unsers Glaubens Hort,
Laß deine Trommeln schallen!
Nichts übertäubt mein Wort.

Gib nur den Sporn dem Rappen,
Zertritt nur Glück und Recht,
Trotz Adelsbrief und Wappen
Bist du ein Henkersknecht!

Du sollst nicht ruhmvoll sterben,
Nicht in des Schlachtschmucks Zier,
Auf Stroh sollst du verderben
Als wie ein krankes Tier!«

So hat das Weib gerufen,
Ein Schrei, – und sie läßt los.
Zerschmettert von den Hufen
Des Hengsts, zermalmt vom Troß.

Graf Herberstorf der Degen
Fort von der Linde zieht,
Blut fließt auf seinen Wegen,
Das Volk schreit auf und flieht.

Es steht ein Baum im Winde
Auf dem Haushammerfeld,
Es ist die alte Linde,
Die hat mir das erzählt.

Sechstes Blatt.

Weckruf der schwarzen Bauern.

Zwischen Böhmerland und der Steiermark
Die Donau stromauf und stromnieder,
Stehn die Tannen hoch, stehn die Tannen stark.
Da sind wir daheim, liebe Brüder.

Wir sind ein rechtschaffenes Bauernblut,
Ob der Enns in unsern vier Vierteln,
Wir tragen mit Stolz unsern Jodelhut
Und das Messer blank in den Gürteln.

Kaiser Ferdinand hat unser Land verpfänd't
An den Bayer, den hungrigen Raben,
Graf Herberstorf führt ein verdammt Regiment,
Fordert Blutzins und Gülten und Gaben.

Legt uns Landsknecht' zu Dutzend in jedes Haus,
Fremdes Kriegsvolk mit Dirnen und Buben,
Das verdirbt uns die Weiber und plündert uns aus
Und gräbt unserm Glück eine Gruben.

Ja, der Kaiser ist hoch, und der Kurfürst ist weit,
Und die Blutsauger fressen und prassen,
Und der Herrgott im Himmel hat auch keine Zeit –
Ei! so woll'n wir uns selbst nicht verlassen.

In der Kirch' ist kein Trost und im Faß ist kein Most,
Aber Bauernblut, Freunde, verdirbt nicht;
Unser Knüttel ist stark, unser Stahl ohne Rost,
Unsers Herrn Evangelium stirbt nicht;

Laßt sie drohn mit Gewalt, laßt sie knirschen mit Wut,
Nein! wir woll'n nicht ins Elend auswandern,
Denn wir kämpfen für Ehre, für Freiheit und Blut,
Und auf ewig läßt keiner vom andern!

Siebentes Blatt.

Der Fadingerhof.

Gleich einer Hochwacht heben sich die Berge
Entlang der Donau zwischen Inn und Enns.
Ein Herrenland ist's, das der Strom durchwandelt;
Manch stolz Geschlecht saß einst um seine Flut
Und sperrte kühn den Wasserweg mit Ketten,
Mit Ausfallspforten, Türm und Wehr und Wall.
Noch heute stehn die Burgen und die Schlösser
Teils aufrecht, teils zerfallend, hoch und frei.
Doch die Geschlechter dämmern nur als Schatten
Hinwandelnd zwischen Trümmern und Gestein.

Stehst du auf freier Höh' und blickst nach Norden,
So windet sich der Donau blaues Band
Durchs Grün der Wälder, die mit steilen Ufern
Hinunterstürzen, felsenreich, zum Strom.
Diesseits und jenseits grüßt dich manche Warte,
Manch grauer Bergfried blickt hinab ins Tal;
Burg Wallsee, Neuhaus, Aist und Rannariedl
Und manch gewaltig Haus klebt hier als Horst.
Oft auch erhebt sich, spitzgetürmt, ein Kirchlein,
Um das sich weiße Häuser friedlich reihn.
Vertraulich wie die Gänse um den Hüter,
Ein Dorf bedeutend oder einen Markt.

Blickst du nach Süden, dann erhebt sich tiefblau
Der Alpen hohe Mauer in die Luft
Mit grünem Vorland und mit kahlen Gipfeln
Von der begoßnen »Alm«, die schneeweiß blinkt,
Zum »Untersberg«, vom »Dachstein« bis zum »Traun-
stein«,
Zur »Falkenmauer« und zum »Hohen Priel«.
Was zwischen Strom und Alpen liegt, im Westen
Vom Inn bespült, im Osten von der Enns,

Das ist die grüne Heimstatt unsers Volkes,
Das ist das alte »Landel« ob der Ens.

Wie reich ist's heut! wie herrlich und gesegnet!
Ein Paradies durch seiner Kinder Fleiß.
Einst aber war es rauh, halb eine Wildnis;
Wo heute goldnes Korn wogt, stund der Wald,
Mit schwarzen Tannen dunkel ausgebreitet,
Der Wildbach riß die Scholle aus dem Grund,
Die Wiese war versumpft, und aus dem Dickicht
Kroch allerlei Getier. Der Hirsch, der Wolf,
Der Eber brach verderblich in die Friedung
Bestellten Lands, beim Bauer Aesung suchend.
Und weh dem Wildschütz, der das Tier bestand!

Der Forstbann traf ihn blutig. Nur der Adel
War jagdbefugt auf Vogel, Wild und Fisch.
Was flog, was schwamm, was sprang, das war dem Bauer
Ein unverletzlich Spielzeug seines Herrn.

Der Bauer war ein Knecht, der an die Scholle
Gebunden war mit Hab und Gut und Leib.
Vom Kleinsten gab er Zins, tat Frond' und Robot,
Den Pfleger fürchtend, den gestrengen Herrn,
Den Züchtiger und Richter, dessen Ausspruch
Zum Schicksal wurde für den armen Mann.
Der Amtmann war des Bauers Herr und Meister,
Der Edelmann sein Teufel oder Gott.

Just zwischen Maierhoferberg und Donau
Erhebt sich eine Höhe, breit gedehnt,
Mit dunklem Wald, mit Ackerland und Wiesen
Im Sonnenschein, weitab von aller Welt.
Steh still, o Wandrer! Deinem Pfad zur Rechten
– Wenn du herüber von der Schaumburg kommst –
Beim Wald auf einer Wiese, dicht am Weg,
Nun längst zerstört, lag einst das Herz des Landes,
Das Fadingergehöft. Was heut so heißt,

Das ist nicht echt, trägt nur den alten Namen
Und steht entfernt vom Ort, wo's alte stand.

Erbau' es dir im Geist, laß es noch einmal
So auferstehn, wie es vorzeiten war.
Betracht es, Wandrer! Welch ein stattlich Eigen!
Mit Stroh gedeckt, erbaut aus roten Ziegeln,
Einschichtig, stolz und ganz auf eignem Grund.
Tritt ein und sprich: Gelobt sei Jesus Christus!
In Ewigkeit! erwidert dir das Haus.
Sankt Florians Bild, zur Abwehr für das Feuer,
Ist überm Tor, dabei ein frommer Spruch.

Wie weit der Hof ist und wie licht und freundlich!
Bei schwerer Arbeit findest du den Knecht,
Die Dirne singt, und selbst das Vieh ist traulich.
Die Tauben auf dem Dach, die Kuh im Stall,
Der Hund an seiner Kette, selbst die Katze
Sind zahm, als wär' kein Falsch in diesem Haus.
Gar lustig kräht der Hahn hoch auf dem Dünger,
Als wär' der Mist ein Königsschloß von Gold;
Die Fliege sonnt sich an der reinen Mauer,
Ein Lindenbaum wirft Schatten in den Hof,
Die Schwalbe aber kreist am blauen Himmel
Und baut ihr Nest im friedlichen Gebälk.

Zur rechten Hand tritt in die große Stube
Durch die bemalte, eichenbraune Tür
Mit schwerem Schloß. Die rußgeschwärzte Decke
Macht dunkler noch den schwergedrückten Raum
Mit spiegelblanken, winzig kleinen Fenstern,
Just groß genug für einen Bauernkopf,
Der durchs gekreuzte Gitter steckt die Nase.
Der Fensterstock ist sorglich ausgelegt
Mit grünem Moos und gelben Sägespänen
Zum Schutz vor Sturm und eis'gem Winterfrost.
Gleich an der Tür steht grün der Kachelofen,
Ein altes Stück einheimischer Töpferkunst,
Mit Gott dem Vater und den zwölf Aposteln,

Leibhaftig, derbgegliedert, streng und steif.
Die Ofenbank umzieht den Bau im Winkel
Und läßt nur für die Feuerstelle Raum
Und für die Röhre, ausgelegt mit Kupfer;
Der Ofen ist der Herd, er nährt das Haus.
Ihm gegenüber, nah der fernsten Ecke,
Steht als des Hauses Mittelpunkt der Tisch
Aus Eichenholz auf plump gespreizten Beinen
Mit schwerer Lade, die das Brot verwahrt.
Vier starke Stühle sind um ihn versammelt;
Die Ecke aber, wo sich Wand mit Wand
Berührt, die ist der Ehrenplatz des Bauers;
Dort mündet die behäbig lange Bank,
Die längs der ganzen Stubenwand sich hinzieht,
Als Winkelsitz mit braunem Lederpolster,
So, daß der Hauswirt nicht durchs Fenster blickt,
Nein, in die Stube, rückwärts nach dem Ofen
Und nach der Tür, wo das Gesind erscheint.
Dicht ob des Bauers Haupt brennt eine Ampel
Mit rotem Licht; behütet wird das Oel
Mit Sorglichkeit und frommem Aberglauben,
Daß es sich nährt und daß es nicht versiegt.
Darüber schwebt ein Kruzifix aus Ahorn
Mit unserm Heiland, schwarzgebeizt vom Rauch,
Ein schmerzhaft Bild mit leidverzehrten Zügen,
Die Stacheldornenkrone ganz verdeckt
Durch einen Kranz aus künstlich roten Rosen
Und Flittergold, ein ländlich frommer Schmuck.
Dicht rechts und links zu unsers Heilands Häupten
Sind Palmenzweige von der Osterzeit,
Das Haus vor bösen Geistern zu behüten;
Ein Gleiches tut die Aufschrift an der Tür,
Die Kasper, Melcher, Balthasar bedeutet,
Mit weißer Kreide sorglich hingemalt.

Hier kannst du, wenn der Feierabend dunkelt,
Sie alle finden, die das Haus ernährt.
Den Bauer und den Altknecht, Bursch und Dirnen,
Insonderlich des Bauers Schwesterlein,

Die blonde Gretel, die die Wirtschaft hütet,
Die ihm ersetzt sein längst verstorbnes Weib.
Drum ist sie auch sein Herzblatt und sein Leben,
Sie ist das Licht, an dem er sich erfreut.
Sie singt, wenn er am Tisch sitzt voll Gedanken
Und in das Holz die ernsten Blicke bohrt.
Sie lehnt an seiner Schulter, wenn er düster
Sich selbst verliert und in vergangner Zeit
Bei Schatten weilt, die nimmer wiederkommen,
Bei seines Weibs und seiner Kinder Tod.
Dann streicht sie ihm die Falten von der Stirne,
Dann spricht sie schalkhaft: »Träumst du wieder, Steff,
Und hältst das arme Salzfaß für den Böhmen,
Für den Lombarden, schleuderst uns das Ding
Noch einmal an den Kopf? Sei doch vernünftig!
Du machst die Welt nicht anders, laß sie gehn.
In unsre große Schüssel mußt du blicken
Und essen, Steff; wer lang ißt, der wird alt.«

Ihr Bruder lächelt; nicht wie andre Menschen,
Die fröhlich sind; es zuckt durch sein Gesicht
Was Wetterhaftes, eine düstre Helle,
Es ist ein Ernst, der in sich selbst verglüht.

Die Schwester aber bringt die große Schüssel
Mit Bauernkrapfen dampfend auf den Tisch,
Die Knechte und die Dirnen greifen tapfer
Zum Löffel oder brechen mit der Hand
Das aufgequollne Backwerk, und die Gretel
Füllt jedem Mannsbild einen Krug mit Most,
Aus dem die Weiber gleichfalls tapfer trinken.
Gebet und Mahlzeit wechseln in der Stube
Nach altem Brauch, und ist der Tisch geräumt,
Dann greift der Altknecht gerne nach der Zither
Und spielt mit seiner arbeitsschweren Hand
Des lieben »Landlers« lustig schöne Weisen
Und tritt den Takt mit seinem derben Fuß.

Da bleibt die blonde Gretel nicht mehr sitzen,
Sie springt und ruft: »Wer führt mich brav zum Tanz?
Wer ist mein Schatz?« Da rasseln Schloß und Angeln,
Und grüßend steht der junge Christoph Zeller,
Der »Miniwirt«, der Nachbar, an der Tür.
»Recht guten Abend alle beieinander!«
So grüßt er, doch nur eine blickt er an,
Die blonde Gretel, die, schlank wie ein Eichhorn,
Dem Grüßenden den Rücken zugekehrt,
Aufhorchend steht. Kann sie den Gast nicht leiden?
Was nestelt sie am Kopftuch und wird rot?

Der Steff steht auf, reicht seine Hand dem Nachbar
Und spricht: »Grüß' Gott, du kommst mir eben recht.
Ich weiß was Neues. Tanz nur, Schwester Gretel,
Seid lustig, Leut', wer weiß, wie lang ihr lacht.
Du, Christoph, komm mit mir ins Oberstübel;
Der Tanz geht los, wir – tanzen auch noch mit.«
Und beide steigen in das Oberstübel.
Die Gretel aber zürnt: »Ich tanz' heut nicht.«

Achtes Blatt.

Steff und Christoph.

Lang und lange sitzen beide
Männer in dem Oberstübel,
Während in der großen Stube
Unten das Gesinde tanzt.

Christoph steht in reicher Fülle
Jungen Alters; stolz und feurig
Hört er seines Freundes Worte,
Der dem klaren Herbsttag gleicht.

Schwer erkämpft ward diese Klarheit,
Früh gereift hat ihn das Leben,
Herb gereift das Schicksal, das ihn
Hart in seine Fäuste nahm.
Aus dem Elternhaus vertrieb ihn
Frühe Not und junges Wagnis,
Bei der alten Muhme ließ er
Gretel nach der Eltern Tod,
Schlug sich durch die Welt als Kriegsmann,
Focht im Reich und focht in Welschland,
Sah das Meer, das blaue Wunder,
Und sah Rom, die ewige Stadt.
Staunend stand er vor St. Peter
Und las hoch am Obelisk:
Christus vincit, Christus regnat!
Aber Christi Macht und Ehre
Fand er auf der Erde nicht.

Rom war üppig, Welschland schamlos,
Und das Reich des deutschen Kaisers
War der Raub von hundert Herrn.

Nirgends Treue, nirgends Wahrheit!
Ja, das allerschlimmste Handwerk,

Wie ihm dünkte, trieb er selbst.
Mut und Tapferkeit und Ehre
Sind des Mannes höchste Zierden,
Aber wer um Sold das Schwert zieht,
Ist kein Held aus eigner Kraft.

Darum zog er wieder heimwärts.
Färbte Filz mit schwarzer Farbe,
Stülpt' ihn auf den Pfahl und formt' ihn
Meisterhaft zum Jodelhut.
Und so trieb er durch fünf Jahre
Tag für Tag sein friedlich Handwerk,
Saß zu Aschach als ein Hutrer,
Wo er seine Eva fand.

Brav gedieh des Hauses Wirtschaft,
Reicher durch zwei blonde Kindlein;
Blühend wuchs die Schwester Gretel,
Die betagte Muhme starb. –

Damals war er nicht so schweigsam.
Sprach mit freiem Mund die Wahrheit,
Sprach zu viel von Volk und Wirtschaft,
Pflicht und Freiheit, Macht und Recht.
Stefan Fadinger sprach ehrlich,
Gab sich sorglos wie er war. –

Niemals stirbt auf dieser Erde
Das Geschlecht der Mückenspalter,
Augendiener, Wortverderber,
Jener, die der saure Abfall
Sind vom Teig der guten Menschheit.
Niemals stirbt die Brut der Heuchler,
Die Verleumder sind von Handwerk,
Die in Amt und Würde wachsen,
Weil man ihrer sich bedient;
Die zum schlimmsten Worte lächeln,
Die beim besten Wort erstaunen,

Die des Nächsten Ehre töten,
Weil sie selber ehrlos sind.

Wie die Pilze in den Wäldern
Schießen sie empor im Dunkeln,
Fette Bissen zu erschnappen,
Töten sie den besten Freund.
Feig nach oben, frech nach unten
Dreh'n sie nach dem Wind den Mantel,
Sind das böse Ohr im Hause,
Sind das falsche Aug' im Amte,
Weh dir, wenn du ein Genosse
Dieser feigen Schurken bist! –

Solche Schleicher und Verleumder
Hat der stolze Steff gefunden.
Warnung war zu spät gekommen,
Arglos ging er in die Netze,
Bis er eines Morgens plötzlich
Sich von Häschern sieht umstellt.
Dem Verbrecher gleich in Eisen
Wird er abgeführt zum Fronhof,
Trotz der Klage seines Weibes,
Trotz der Kinder Wehgeschrei.

Und nun wächst ein langer Bandwurm
Amtlich sachlicher Begründung,
Raums- und Worts- und Tatbeschreibung,
Zeugenaussag' Hilfsergänzung,
Replik, Duplik, Triplik endlos
Fort und fort wie eine Krankheit,
Die den unheilvoll Betroffnen
Tötet, weil kein Arzt ihm hilft.

Mancher brave Mann erbot sich.
Mit dem Eide zu erhärten,
Daß der Anwurf ein Gespinst nur
Von gedungnen Schurken sei.
Unerbittlich sind die Richter,

Schlau und pfiffig sind die Schurken,
Und der Weichselzopf verwächst sich,
Daß die Welt das Dümmste glaubt.
Todkrank liegt das Weib darnieder.
Und im Elend sind die Kinder;
Tieferschüttert, halb im Wahnsinn,
Eisenfesseln an den Händen,
Sitzt der Fadinger gefangen
Auf dem Fronhof sieben Jahr. –
Gott ist stärker als die Menschen,
Und sein Arm trifft die Verleumder:
Zitternd in der Sterbestunde
Widerrief ein Schurk' sein Wort.

Jetzt, kraft mangelnden Beweises,
Jetzt, kraft Hoheit des Gerichtes,
Jener Weisheit die das Schicksal
Armer Untertanen lenkt,
Gibt man dem Entehrten Freiheit,
Streift man von ihm ab die Fesseln,
Schickt ihn heim zu seiner Wirtschaft,
Aber eins gibt ihm kein Gott:
Eva, seine treue Gattin
Rief der Tod mit beiden Kindern,
Und sie schläft mit beiden Kindern
Ihren ewigen Schlaf im Sarg.

Einsam baut er neu sein Nest sich
Draußen auf dem Berg beim Walde;
Segen senkt sich dreifach nieder,
Denn sein ungeheures Schicksal
Macht das Volk zu seinem Freund.
Willig bricht man ihm die Steine,
Brennt ihm Ziegel, fällt ihm Bäume,
Baut ihm Haus und Hof und alles,
Daß er wieder aufrecht steht.
Statt der toten alten Muhme
Nimmt er seine Schwester Gretel

Auf den Hof. Er ist nun schweigsam,
Spricht kein überflüssig Wort.

Einer nur, sein Nachbar Christoph,
Dessen Haus er kennt seit Jahren,
Der für ihn zum Eid bereit war,
Einer nur weiß, was er denkt.

Und so sitzen denn die beiden
Traulich in dem Oberstübel,
Während in der großen Stube
Unten das Gesinde tanzt.
Fadinger spricht ernst und leise
Von der Herzensnot des Landes,
Von der Stände zweifelhafter,
Unverläßlich feiger Haltung,
Von der Raubsucht der Soldaten
Herberstorfs und von der Kriegsnot,
Von dem Elend und dem Jammer
Dieser gottverlaßnen Zeit.
Zornig funkeln seine Augen,
Und der Christoph greift unwillig
Manchmal nach dem derben Stecken,
Der an seiner Seite lehnt.

Fadinger spricht warm und wärmer,
Seine stolzen Augen leuchten
In der Nacht wie's blaue Irrlicht,
Das bei Efferding im Tale
Wandelt durch das wilde Moos.

Von der heiligen Gemeinschaft
Gleichgesinnter spricht er feurig,
Zeigt dem Christoph Brief und Siegel
Einer fremden Königshand.

Rasch erhebt sich Christoph Zeller:
»Das ist Hochverrat, Unseliger,

Und in dieser hoffnungslosen
Sache geh' ich nicht mit dir.«

Fadinger ergreift die Briefschaft
Und zerreißt sie, ruhig lächelnd:
»Einen Zeugen wollt' ich haben,
Daß ich kein Verräter bin.
Nicht mit Dänemark und Schweden
Kämpf' ich wider meinen Kaiser,
Aber gegen unsern Blutsfeind
Herberstorf schütz' ich das Land.
Mit der Mannskraft meines Armes,
Mit dem Adlerblick des Auges,
Mit dem Donnerwort des Mundes,
Mit dem Geist, den Gott mir gab,
Steh' ich ein für unsere Sache.
Meinen Glauben will ich retten,
Will den armen Mann befreien,
Will des Kaisers Fahne pflanzen
Auf den höchsten Turm zu Linz.
Will es Gott, so wird's gelingen.

Aber dazu brauch' ich Männer,
Wie die Schweizer, die ihr alles
Freudig in die Schanze schlugen,
Die als treue Brüder fochten
Bis zum letzten Atemzug.

Dahin, Christoph, soll es kommen,
Und in dieser großen Sache
Bau' ich fest auf deinen Mut.
Es ist reif. Kein fremder König
Soll des Landes Retter sein.«

»Jetzt gehör' ich dir auf ewig!«
Ruft der andere. »Sei mein Leitstern,
Weih mich ein in dein Geheimnis,
Nimm mich auf in deinen Bund!«

Draußen tritt hervor das Mondlicht,
Strahlend blickt es in die Kammer,
Ein geheimnisvolles Wunder
Schaut es an und stiehlt sich fort.

Schweigend, Hand in Hand geschlossen.
Stehn die zwei im Oberstübchen,
Ihre Augen schau'n zum Himmel,
Aber keiner spricht ein Wort.

Neuntes Blatt.

Die Einquartierung.

Hundert Preunersche Dragoner
Liegen auf den nächsten Dörfern,
Liegen in den Einödshöfen
Um den Maierhoferberg.

Hauptquartier ist Feste Schaumburg,
Wo der Amtmann fünfunddreißig
Schwere Reiter wohl verpflegt.

Harte Lasten trägt der Bauer,
Und sie werden täglich härter,
Heimgesucht wird auch der Aermste,
Niemand fragt, ob's ihn erdrückt.

Auch der junge Gastwirt Zeller,
Auch der blonden Gretel Bruder
Trägt sein Teil, und Roß und Reiter
Legt man jedem in das Haus.
Hei! da wird vom Fleisch gefressen,
Hei! da wird vom Speck geschnitten,
Hei! da wird vom Faß gesoffen
Und im langen Stroh geschnarcht.
»Warum ist die Gans im Hofe?
Warum ist die Taub' im Kobel?
Warum ist im Teich die Ente?
Warum ist im Stall das Schwein?
Warum ist die Milch im Euter?
Warum ist das Mehl im Kasten?
Warum ist der Wein im Keller?
Warum ist das Ei im Huhn?

Daß wir leben – denkt der Bauer,
Doch er übersieht, der Dummkopf,
Daß kein Nährstand ohne Wehrstand,

Ohne uns kein Bauernglück.
Wir versichern ihm die Felder,
Wir beschützen ihm den Hausstand,
Sein und seiner Kinder Leben
Liegt allein in unsrer Hand.

Darum ist's auch recht und billig,
Daß er sich als Knecht betrachte,
Daß er uns den besten Bissen
Und den feinsten Tropfen gönnt.
Denn wir brauchen Kraft zum Handwerk,
Riesenkraft und gute Laune;
Bringt er uns in schlechte Stimmung,
Geht's ihm selber an den Hals.
Was vermag sein Käsemesser
Gegen unsern Schädelspalter?
Was vermag die Sichelsense
Gegen unsern Eisenspieß?
Hat er Feuerstein und Pulver,
Arkebus' und Hakenbüchse?
Teufel auch! und wenn er's hätte,
Feldkartaunen hat er nicht.

Sieh, das ist was andres, Bauer!
Einsicht fehlt dir, such zu lernen;
Lernst du, dann begreifst du auch.
Holla! gib uns Wein vom Keller,
Speck und Milch und Schwein und Vogel,
Und in deine schönste Kammer
Schick uns deine schönste Dirn!«

Also spotten die Soldaten,
Reizen auf dem Hof die Knechte,
Schleichen frech sich an die Dirnen,
Daß die Mägde schamrot glühn.
Mancher dummen Dirn gefällt's auch.
Wenn das doppelt Tuch ihr schmeichelt
Läßt sich locken, läßt sich fangen.
Sitzt den falschen Vögeln auf.

Heimlich gärt es bei den Knechten,
Eifersucht und Zorn und Rache
Halten nur mit Müh die starke
Faust im Zaume, die schon zuckt.

Fadinger winkt seinen Altknecht
Jeden Tag geheim beiseite,
Flüstert ihm geheime Worte
Scharf und leise in das Ohr:
»Halte deine Augen offen,
Trinke nicht, laß andere zechen,
Halte reinen Mund vor Weibern,
Hüte Riegel, Tür und Schloß.
Insbesonders acht' aufs Feuer,
Laß kein offnes Licht mir brennen,
Bleib du meines Auges Apfel.
Gott vergilt dir, was du tust.«
Statt der Antwort nickt der Altknecht,
Drückt geheim die Hand dem Bauer,
Blickt um sich mit scharfen Augen,
Trinkt nicht, wenn die andern zechen
Und bewacht des Feuers Glut.
Mehr noch! Was der Herr nicht sagte,
Was der Altknecht nur erraten
Aus des Bauers Wort und Blick,
Das vollzieht er ohne Auftrag,
Denn er ist im Hof erwachsen,
Ist im Hofe Mann geworden,
Hat das Ingesind behütet
Bis auf diesen schlimmen Tag.

Darum schleicht er, wenn es dämmert,
Abends durch den weiten Hof sich,
Läßt den Haushund von der Kette,
Streichelt ihn und spricht: »Hab acht.
Laß du niemand vor die Kammer,
Laß du niemand vor die Stiege,
Tritt dir in den Weg ein Fremder,
Sultan, pack ihn an der Brust.«

Sultan hat den Wink verstanden,
Wedelt mit dem Schwanze freundlich,
Knurrt zur Antwort, bis der Knecht ihn
Einmal, zweimal streichelnd stillt.

Mit dem Hunde wacht der Altknecht,
Setzt sich nächtlich auf die Treppe
Vor die Tür der kleinen Kammer,
Drin die blonde Gretel schläft.

Eines Nachts vernimmt der Altknecht
Unten zwei Soldatenstimmen:
»Schleich dich du zur stolzen Gretel,
Einer löst den andern ab.« –
Blitzschnell springt empor der Altknecht,
Stellt sich mit dem Beil als Schildwacht
Vor die Tür von Gretels Kammer,
Unsichtbar in dunkler Nacht.

Und ein Landsknecht kommt geschlichen,
Aber wie er vor die Tür tritt.
Trifft das Beil ihn, daß er lautlos
Vor der Schwelle niederstürzt
Und der zweite kommt geschlichen.
Aber wie er vor die Tür tritt.
Trifft das Beil ihn, daß er lautlos
Vor der Schwelle niederstürzt.

Lautlos bringt der Knecht die Toten
Seitwärts und verbirgt die Tat. –
Es gelingt, er trägt die Leichen
Nach des Hauses Bodenkammer,
Sperrt sie hinter Schloß und Riegel,
Eh' das Morgenrot erscheint.

Ahnungslos erwacht die Gretel.
Warum ist so bleich der Altknecht,
Warum ist so ernst ihr Bruder,

Warum flüstern sie so heimlich,
Warum ist kein lustiger Zecher,
Warum ist kein gieriger Prasser,
Warum ist kein kecker Prahlhans,
Warum kein Soldat im Hof?

Zehntes Blatt.

Beim Miniwirt.

Es steht ein Wirtshaus hoch und frei
Vom Giebel bis zum Keller,
Da geht kein durstig Herz vorbei
Beim Miniwirt, beim Zeller.

Der schönste Sonnenschein ist hier
Und Schatten in den Stuben,
Und guter Wein und frisches Bier
Für Mannsleut' und für Buben.

Und auch die Dirnen kommen gern
Des Sonntags nach dem Segen
Auf einen Tanz von nah und fern
Auf Wegen und auf Stegen.

Manch hübsches Kind hebt hoch den Kopf,
Stolziert in Schmuck und Flitter,
Der Lenz mit seinem großen Kropf
Spielt lustig auf der Zither.

Der Lenz ist gar ein feiner Schelm,
Tut harmlos wie die Tauben,
Trägt überm Ohr als langen Helm
Die schwarze Zipfelhauben.

Die Zither klingt, die Zither schwirrt
Hinein ins muntre Treiben:
»Du bist ein Junggesell, Herr Wirt,
Wie lange willst du's bleiben?

Das Bräutlein, Vetter, ist nicht weit,
Soll dir's ein Blinder suchen?
Gib acht, du hast die höchste Zeit,
Versäumst du's, wirst du fluchen.

Was zahlst du, wenn ich richtig treff'?
Ich seh' sie dort schon sitzen,
Ihr Bruder ist dein Nachbar Steff –
Hei! wie die Aeuglein blitzen.

Das ist ein Glanz, das ist ein Schmelz
Tiefdunkelblauer Flammen.
Was zahlst du für den Kuppelpelz?
Ich bring' euch zwei zusammen.«

»Was Kuppelpelz! Sie ist mein Schatz,«
Ruft laut der Christoph Zeller,
»Ich führ' sie heim, und gilt es Graz –
Spiel auf, du Lump! spiel schneller!

Und willst du eine Million,
Ich zahl' dir gleich den Bettel!« – –
Er juchzt hellauf und springt davon
Und holt zum Tanz die Gretel.

Er hebt die Schönste hoch empor
Mit Lachen und mit Scherzen,
Er sagt ihr leise was ins Ohr
Und sie sagt: »Ja, von Herzen!«

Elftes Blatt.

Der Schwur.

Seit dem Tanz bei Christoph Zeller
Weht ein andrer Wind hier oben,
Lauter lärmt die Soldateska,
Aber Haus und Wirt sind stumm.

Wein und Bier liegt frisch im Keller,
Aber keine Gäste kommen,
Meister Lenz mit seiner Zither
Findet keine Tänzer mehr.

Mitternächtlich, wenn die Schatten
Des Gewölks den Mond umschleiern,
Wenn des Schlummers Kraft betäubend
Ueber Tier und Menschen liegt,

Da bewegt sich's aus den Nebeln,
Leise schleicht sich's aus den Büschen,
Aus den Schluchten, aus den Tälern,
Aufwärts nach dem Minihof.

Wie ein Wächter steht der Altknecht
Auf dem Kreuzweg, wo die Schatten
Zu ihm treten; leise spricht er:
Alles gut, die Luft ist rein.

Wunderlich! Wenn sonst die Hunde
Einen späten Wandrer wittern,
Rasseln sie an ihrer Kette,
Springen hochauf mit Gebell.

»Bleibt mir ruhig,« spricht der Alte,
»Kusch dich, Sultan, kusch dich, Waldmann!
Gute Freunde sind's.« Die Hunde
Wedeln freundlich und sind stumm.

Eine Hintertür steht offen,
Eine Stiege führt zum Keller,
Und der Wirt begrüßt die Schatten:
»Alles sicher, tretet ein.«

Nieder steigen sie zum Keller,
Wo beim Schein gedämpfter Ampel
Im Gewand der schwarzen Bauern
Fadinger, der Hauptmann, sitzt.

David Spat steht ihm zur Linken,
Achaz Willinger zur Rechten,
Nimmervoll und Wurmb und Reuter
Und viel andre stehn im Kreis.

Fadinger erhebt sich schweigend.
Nimmt den schwarzen Filz vom Haupte,
Spricht mit tiefgedämpfter Stimme
Zu den Gästen dieses Wort:

»Kund ist euch, ihr Eidgenossen,
Daß wir ohne Gnad' und Recht sind,
Daß der Landsherr uns verpfändet,
Daß der Bayer uns verfolgt.

Darum heb' ich meine Rechte
Vor dem hochgelobten Kreuz hier,
Daß ich sein will euer Hauptmann
In dem evangelischen Heer.

Dieses Blatt mit meiner Handschrift
Send' ich aus nach den vier Winden,
Seid an eurem Platz, ihr Männer,
Wenn mein Feldschrei sich erhebt.

Auf Pfingstmontag sei's beschlossen,
Da steht auf in den vier Vierteln,
Kämpft, bis daß wir alle wieder
Gottes und des Kaisers sind.

Du, mein braver Christoph Zeller,
Steigst zu Schiff und eilst nach Landshag,
Schlägst im Mühlkreis los, sobald du
Hier mein Feuerzeichen siehst.«

Christoph neigt das Haupt zur Antwort
Freudig stolz, es glüht sein Auge,
Doch bevor er zögernd wegtritt,
Spricht er: »Steff, gewähr' mir eins.

Fester hämmert sich die Kette,
Stark geschlossen ist die Freundschaft,
Wenn ich freien darf vor Aufbruch,
Wenn du mir die Gretel gibst.«

»Nimm sie denn in Gottes Namen!«
Ruft der Steff und beide halten
Brust an Brust sich, alle rufen:
»Glück ins Haus und Sieg ins Land!«

Wieder steht der Knecht am Kreuzweg,
Grüßt zum letztenmal die Schatten,
Fällt aufs Knie und sieht die Sonne
Blutrot aufgehn übers Land.

Zwölftes Blatt.

Die Hochzeit von St. Agatha.

Pfingstsonntag kommt so licht und blau
Vom Himmel hoch gefahren,
So frisch sind Feld und Wald und Au,
Wie lang nicht mehr seit Jahren.

Auf Laub und Gras liegt Duft und Glanz,
Es blüht in allen Räumen,
Es wirbelt weißer Flockentanz
Herunter von den Bäumen.

Ein Lerchlein ruft: Der Mai ist da!
O freudig süße Kunde!
Die Glocken von St. Agatha
Verkünden's in der Runde.

Die Glocken klingen voll und hell,
Und das soll Glück bedeuten,
Denn heute tut ein Junggesell
Ein bildschön's Mädel freiten.

Gar hold und herzig ist die Dirn,
Milchweiß mit roten Backen,
Ein Rosenkränzlein ziert die Stirn,
Goldkettlein ziert den Nacken.

Gar lieb und herzig ist die Braut
In erster Jugend Prangen,
Aus ihren blauen Augen schaut
Glückseliges Verlangen.

Der Pfarrer spricht den schönsten Spruch
Vom Binden und vom Lösen,
Von reiner Tugend Wohlgeruch
Und von der Macht des Bösen.

Die ganze Freundschaft groß und klein
Steht in der Kirche prächtig,
Die »Kranzeljungfern« schmuck und fein,
Die »Beiständ« hübsch bedächtig.

Der Pfarrer teilt den Segen aus,
Und die Trompeten schmettern,
Gar lustig geht's zum Hochzeitsschmaus
Mit Basen und mit Vettern.

Der Hochzeitsbitter kommt zu Pferd
Dem Zug vorangeritten,
Trägt einen Strauß und trägt ein Schwert
Nach Väterbrauch und Sitten.

Der Neuvermählte sprengt herbei
Auf buntgeschmückter Mähre,
Er jauchzt, als ob der Jubelschrei
Sein ganzes Leben wäre.

Der Hochzeitswagen rasselt laut.
Geführt von fetten Hengsten,
Beim Spinnrad oben sitzt die Braut
Und lacht in tausend Aengsten.

Die ganze Freundschaft groß und klein
Mit Basen und mit Vettern
Kommt angerasselt hinterdrein,
Und die Trompeten schmettern.

Hallo! man ist an Ort und Stell'.
Ihr Beiständ, springt vom Wagen,
Ihr Kranzeljungfern, rührt euch schnell,
Die Braut ins Haus zu tragen!

Wie seid ihr steif, daß Gott erbarm'! –
Was macht ihr Wink' und Worte?
Der Zeller hat sie schon im Arm,
Er trägt sie durch die Pforte.

Er stellt sie mitten in das Haus
Auf ihre leichten Füßlein,
Er übt das schönste Zwangsrecht aus,
Raubt ihr ein herzhaft Küßlein.

Dann ruft er: »Liebe Nachbarsleut',
Beiständ, Gevattern, Buben,
Versagt mir nicht die Ehre heut,
Das Mahl steht in der Stuben.«

Man setzt sich gern zum vollen Tisch,
Dem Miniwirt zu Ehren,
Es sprudelt mancher Trinkspruch frisch
Beim Zechen und beim Zehren.

Ein Gugelhupf steht hoch zur Schau
Mit Zuckerwerk und Zapfen,
Es lacht das Herz der jungen Frau,
So prächtig sind die Krapfen.

Das Bier ist über jeden Wunsch,
Der Wein ist fein und teuer,
Als heißer Tröster kommt der Punsch
Und setzt das Blut in Feuer.

Kreuzfröhlich geht das Mahl vorbei;
Bald rücken Dirn und Buben
An Tisch und Stuhl. Juchhei! Juchhei!
Räumt aus zum Tanz die Stuben!

Im Kreise stellt sich alt und jung,
Zu eng wird fast das Plätzel,
Der Zeller hat den ersten Sprung
Mit seinem blonden Schätzel.

Ihr Musikanten, spielt mit Glanz,
Spielt auf die schönsten Weisen!
Beim Landlertanz, beim Landlertanz
Verjüngen sich die Greisen.

Wer aber steht so schweigsam dort
Im tollen Freudenlager?
Er kreuzt die Arme, spricht kein Wort,
Das ist der Steff, der Schwager.

Wie's rings um ihn auch jauchzen tut.
Er blickt nach keiner Dirne,
Er drückt den schwarzen Jodelhut
Sich tiefer in die Stirne.

Er sieht verglühn der Kerzen Glanz,
Die Sterne matt erbleichen, –
Er denkt an einen andern Tanz,
Ein blutrot Feuerzeichen.

Und plötzlich ruft er aus mit Macht:
»Genug! es graut der Morgen!
Pfingstsonntag hat sein Werk vollbracht.
Jetzt laßt den Montag sorgen!«

Dreizehntes Blatt.

Die Passauerkunst.

»Herauf zum Maierhoferberg,
Ihr Jungen und ihr Alten!
Ob Krüppel, Stelzfuß oder Zwerg,
Ihr sollt mir Büchsen halten.

Ich stell' euch stramm in Reih und Glied
Dem Herberstorf entgegen,
Gebt acht und rührt kein Augenlid,
Ich weiß den Kugelsegen.

Zu Passau hab' ich's jüngst studiert
Bei einem frommen Schweden,
Wie man zu harter Haut gefriert.
Und schußfest mach' ich jeden.

Seht, dieses Küglein wird verschluckt,
Getaucht in Herzblutstropfen.
Hei! wie's mir gleich den Leib durchzuckt –
Das hilft den Feind ausklopfen.

Trifft mich ein Kolben auf die Stirn,
Ich spür' das kaum wie Kitzel,
Ich schlag' den Esel übers Hirn
Und lach' zu dem Scharmützel.

Brennt mich ein Kernschuß durch die Haut,
Auch das macht nicht viel Schmerzen,
Ich zeig' das Brandmal meiner Braut,
Wir lachen recht von Herzen.

Der Hieb wird falsch, der Schuß wird matt,
Durch meine Kunst beschworen;
Das kugelrunde Blei wird platt,
Ich bin und bleib' gefroren.«

So spricht mit Würde und mit Stolz
Ein baumhoch starker Werber,
Der Schinder aus dem »langen Holz«,
Mit Augen wie der Sperber.

Er trägt ein Beil und einen Strick,
So mustert er die Rotten;
Es scheint sein lauernd böser Blick
Sie heimlich zu verspotten.

»He, Wirtshaus!« ruft er, »schenk' mir ein!
Mein Durst ist nicht zum Lachen;
Ich möchte lieber Henker sein,
Als euch vernünftig machen.

Ihr habt kein Hirn, und ich hab' Spott
Aus meines Hauptmanns Munde.
Gewehr im Arm! – Ich schlag' euch tot.
Wenn ihr nicht achtgebt, Hunde.«

Der Wirt schleppt her den zwölften Krug
Und stellt ihn vor den Schinder.
Der lächelt: »Brav, es ist genug;
Erst laßt mich trinken, Kinder.«

Er hebt den Deckel, bläst den Schaum,
Setzt an und bürstet munter.
Der starke Kehlkopf rührt sich kaum,
Der Leibtrunk rinnt hinunter.

Der Zug war tief, der Krug ist leer
Bis auf die Nagelprobe;
Der Zorn verraucht, er flucht nicht mehr,
Der Schimpf ersäuft im Lobe.

»Ihr Herzensjungen, so ist's recht!
Kein Meister fällt vom Himmel;
Bin ich auch grob, ich mein's nicht schlecht –
Ei! was willst du da, Lümmel?«

Ein blonder Bursch tritt aus dem Glied,
Legt an den Doppelstutzen:
»Nun, Meister, wenn ein Schuß geschieht,
Wirst du der Kugel trutzen?«

»Was? ich? du zweifelst? dreh dich um,
Ziel dorthin nach den Zweigen!
Ich sage dir, der Schuß geht krumm –
Kein Wort! Ich will dir schweigen!

Hab' acht! leg' an! gib Feuer! – Gut.
Ist's in den Baum gegangen?
Du Esel! schau' in meinen Hut, –
Die Kugel ist gefangen.

Nicht wahr, du staunst? Jetzt ziel' auf mich,
Als wär' ich eine Felber;
Nur wohlgemerkt, ich warne dich:
Geht's krumm, so trifft's dich selber.«

Da dreht der Bursch sich kleinlaut um:
»Meister, ich will's nicht machen;
Ich schieße lieber grad, als krumm.«
Da muß der Werber lachen.

»Seht ihr? Es ist nicht eitel Dunst,
's ist über allem Zweifel;
Es lebe die Passauerkunst!
Wer schimpft, den hol' der Teufel!«

Vierzehntes Blatt.

Der Schrecken von Aschach.

Im Hausruck fiel der erste Schuß,
Man hört ihn weithin schallen,
Es war ein wilder Freudengruß,
Ein Landsknecht ist gefallen.

Vom nächsten Pfarrdorf kommt ein Mann
Auf Aschach zugelaufen,
Es ist Rupertus, der Kaplan,
Mit Pusten und mit Schnaufen.

Man richtet just den Jahrmarkt ein
Mit Pochen und mit Hämmern,
Es gibt ein wimmelnd Stelldichein
Von Käufern und von Krämern.

Rupertus drängt sich durch den Troß,
Er achtet keinen Tümpel,
Er achtet keinen Rippenstoß
Von Buden und Gerümpel.

Vorm Rathaus hält er endlich still,
Er winkt zwei tauben Schergen,
Weil keiner ihn begreifen will.
So weist er nach den Bergen.

»Gott steh' uns bei! Seht dort hinauf!
Die Lohe steigt zum Himmel,
Die Schaumburg brennt, es brennt der Stauf.'
»Es brennt!« schreit's im Gewimmel.

»Die Bauern kommen!« ruft's mit Schreck,
»O weh! o weh uns Armen!
Sie brennen uns die Wirtschaft weg.
Sie haben kein Erbarmen.«

Da wird's den Krämern kalt und heiß,
Gerüst wird abgetragen.
Und wer kein beßres Schlupfloch weiß.
Verkriecht sich hinterm Schragen.

Zum Jammer wird die schwere Not,
Man flucht, man weint, man betet,
Das Kleinod tritt man in den Kot,
Der Tand wird rasch gerettet.

Die große Glocke heult vom Turm,
's wird immer kunterbunter,
Es geht im allgemeinen Sturm
Vernunft und Vorsicht unter.

Zum Rathaus kommt das Volk gerannt,
Will selbst sich Ordnung schaffen:
»Herr Kommandant, Herr Kommandant,
Gebt uns zurück die Waffen!

Was ihr uns nahmt, das gebt heraus
Zu unser aller Frommen,
Bevor herein in Hof und Haus
Die schwarzen Bauern kommen.

Ihr hört uns nicht? Schlagt ein die Tür!
Ins Rüsthaus laßt uns brechen!«
Da ruft ein böhmischer Füsilier:
»Hauptmann is nix zu sprechen!« –

»So laßt den Hauptmann Hauptmann sein!
Steckt Fahnen auf die Mauern!
Wir lassen unsre Freunde ein,
Wir halten's mit den Bauern.«

»Die Bauern hoch!« – Man schwingt empor
Als Banner weiße Lappen –
Der Fadinger zieht ein durchs Tor
Auf seinem schmucken Rappen.

Er führt den Zug so stattlich vorn.
Und hinter ihm gehn Schützen,
Es kostet ihn kein Pulverkorn,
Ganz Aschach zu besitzen.

Der Bürgermeister neigt sich tief
Vorm Führer und vorm Trosse,
Reicht zitternd einen Gnadenbrief
Dem Reiter auf dem Rosse.

Der spricht: »Wo ist die Guardia?
Ihr Herrn, das muß ich wissen.« –
»Kein Hauptmann und kein Mann ist da.
Sind alle ausgerissen.«

Da zieht der Fadinger den Hut:
»Dieweil wir weit marschierten,
Herr Bürgermeister, laßt uns gut
Beim roten Hahn bewirten!« –

Fünfzehntes Blatt.

Der Bauerntanz von Efferding.

Zur Eisenhand in Efferding,
Da rinnt kein schlechter Tropfen,
Da klirrt der Steinkrug kling, kling, kling,
Da ist noch Malz und Hopfen.

Da sitzt am Herrentisch mit Stolz
Der Schrecken aller Weiber,
Der Schinder aus dem »langen Holz«
Und Tunichtgut der Schreiber.

Der rote Hans von Sippachzell,
Der streicht so keck die Saiten,
Es tanzt sich aus dem Leib die Seel'
Der Schuster von Achleiten.

Da dreht der Bursch die Dirn herum,
Es blitzt von blanken Knöpfen,
Das neue Evangelium,
Es tanzt in allen Köpfen.

Es stampft der Fuß, es steigt der Staub,
Ein Klatschen und ein Springen –
Und ist der Wirt auch noch so taub,
Er muß den Rundreim singen.

Klaus Tunichtgut, das Schreiberlein,
Springt auf den Tisch vom Stuhle
Und zetert in den Lärm hinein,
Als wär' hier Sonntagsschule:

»Prälat von Wilring, denk an Gott,
Sei du kein Bauernpreller!
Wir haben Durst – es ist ein Spott! –
Und du hast Wein im Keller.

Die Schüssel dampft auf deinem Tisch
Mit Schmaus von allen Arten,
Kapaun und Wildbret, Krebs und Fisch,
Der Bauer nagt die Schwarten.

Du hältst nicht viel auf magre Kost,
Auf Armutei und Fasten,
So gib uns deines Kellers Trost,
Tu' auf den vollen Kasten!

Der Wucher frißt des Bauers Gut,
Das Brot wird täglich kleiner,
Der Herr nimmt Leibzins auf das Blut,
Den Rest schnappt der Zigeuner.

Es plündert uns, was plündern kann, –
Gebt acht! bald kommt ein Rächer,
Der setzt den feurig roten Hahn
Auf eure stolzen Dächer.

Der schwingt die Geißel übers Land
Und ist nicht Pfaff noch Ritter,
Der schreckt euch wie ein Feuerbrand,
Wie Gottes Ungewitter.«

Juchhei! so rast's im Kreis herum
Und will sich nicht erschöpfen,
Das neue Evangelium,
Es tanzt in allen Köpfen.

Wahnsinnig wird das Geigenspiel,
Hoch springen Dirn und Buben:
Da wird's auf einmal totenstill –
Ein Mann tritt in die Stuben.

Schwarz ist sein Wams und schwarz sein Hut,
Sein Handrohr steckt im Leder,
Stolz ist sein Blick und heiß sein Blut,
Blitzschnell erkennt ihn jeder.

»Das ist der Steff! und was will der?«
Bricht's los von allen Seiten, –
Er aber blickt mit Zorn umher:
»Gibt's hier so lockre Zeiten?

Pfui! schäm' dich, Wirt von Efferding,
Bist du denn stocktaub worden?
Hörst nicht die Glocken, kling, kling, kling?
Das Volk steht auf allorten.

Heraus! heraus, was helfen kann!
Der Jammer muß euch spornen,
Der Bauer ist kein schlechtrer Mann,
Als all die Hochgebornen.

Will sich in unsers Kaisers Land
Kein Schutzpatron uns zeigen.
So greifen wir mit starker Hand
Nach unserm alten Eigen.

Treibt man uns aus, wie's wilde Tier
In Not und Tod und Schrecken,
Das Feld ist unser frei Quartier,
Der Himmel unsre Decken.

Läßt man uns nackt am Hochgericht
Als arme Sünder baumeln,
So zünden wir der Welt ein Licht,
Sie soll vor Schauder taumeln.

Reißt auf das Tor! Hinaus zum Platz!
Hört meine Trommeln werben,
Vom einzigen Kind, vom liebsten Schatz
Hinaus, und wär's zum Sterben!« –

Da jauchzt der Hans von Sippachzell:
»Brich dir den Hals, du Geigen!
Der Tanz, von dem du sprichst, Gesell,
Das ist der schönste Reigen.«

Der Schinder aus dem langen Holz,
Der Schuster von Achleiten,
Die pflanzen sich zum Steff mit Stolz:
«Wir wollen dich begleiten!»

Hopp! springt der Schreiber Tunichtgut
Vom Tisch herab zur Diele,
Er drückt aufs Ohr sich keck den Hut
Und bläst auf seinem Kiele:

»Reißt auf das Tor! hinaus zum Platz!
Der Fadinger tut werben.
Für Haus und Hof, für Kind und Schatz,
Auf Leben und auf Sterben!«

Sechzehntes Blatt.

Die Feuertaufe.

»Weil's gilt die Seel' und auch das Bluet,
So gib uns, Herr, ein' Heldenmuet,
Es mueß sein!«

Altes Fadingerlied.

Hei! Bursche, nun geht's an ein tollkühnes Wagen!
Beherzigt den Spruch, den im Banner wir tragen,
Das hoch unser bärtiger Graukopf erhebt;
O seht, wie es flattert, o seht, wie es schwebt!
Vor Peuerbach stehn wir im reisigen Haufen,
Wir wollen die Fahne mit Feindesblut taufen.
Graf Herberstorf will uns erschlagen im Feld,
Wo ist unser Hauptmann, wo ist unser Held?
Der Fadinger Stöffel, da kommt er geritten
Mit freudigem Mut und mit adligen Sitten,
Und ist doch nicht mehr als ein Bauer und Knecht;
Doch das Schwert, das ihn adelt, heißt Freiheit und
Recht!
Drum laßt uns ihn grüßen mit Jauchzen und Schreien
Von Rotte zu Rotte, von Reihen zu Reihen,
Die Prügel, die Igel, die Spieße empor,
Es brause hinauf bis ans himmlische Tor:
»Der Fadinger lebe, der Beste im Landel!
Wir wünschen ihm Ehre und Glück ohne Wandel,
Wir sind sein getreu evangelisches Heer,
Der Tod ist nicht schlimm, doch das Leben ist schwer!«
Und jauchzendes Rufen erschallt in der Runde
Und braust ihm entgegen als freudige Kunde
Und grüßt ihn mit Macht aus dem reisigen Troß,
Da neigt er sich tief zu den Seinen vom Roß,
Da schüttelt er herzhaft viel derb rauhe Hände,
Zuletzt macht sein Knecht dem Getümmel ein Ende,
Er winkt und der Lagerwirt rührt sich geschwind,

Er füllt einen Krug aus dem besten Gebind;
Des Klosters Sankt Florian köstlichste Gabe,
Die reicht man aufs Roß dem Feldhauptmann zur Labe.
Aus Steingut geformt ist der bäurische Becher;
Da lüftet den Hut der gewaltige Zecher
Und spricht, während ringsum tiefheilige Ruh:
»Mein Volk und mein Gott, euch zwei trink' ich das
zu!«
Mit *einem* Zug stürzt er den Schwurwein hinunter,
Da wird's in der wehrhaften Bauernschaft munter,
Er schleudert den Steinkrug hoch auf in die Luft
Und sieht ihn am Boden zerschmettert und ruft:
»Kein Krug ist zu stark! – Seht, da liegt er in Scherben –
Und so soll der Bluthund, der Herberstorf, sterben!
Er will uns am heutigen Morgen hier suchen.
Schwenkt ab von der Straße, hinein in die Buchen,
Schwenkt ab in die Erlen, versteckt euch im Busch,
Trompeter, du blas einen freudigen Tusch!
Und kommt er geritten auf offener Straßen,
Und wäre sein Volk auch unzähliger Maßen,
Zum letztenmal hat er wohl heute geprahlt,
Ihr Bauern, mit uns ist des Herrgotts Gewalt!
Es muß sein!« So ruft er, da tönt's ihm entgegen:
»Es muß sein! es muß sein! Drauf los allerwegen!«
Zur Rechten und Linken zerteilt sich der Schwarm
Mit leuchtendem Blick und bewaffnetem Arm.
Die Werber, die Ordner, die Führer, sie alle
Sind dahin und dorthin geschäftig im Schwalle;
Die Menge bewegt sich, es löst sich der Troß,
Nur Fadinger sitzt unbeweglich zu Roß,
Bis alle die Männer und alle die Buben
Zerstreut übers Feld sind in Gräben und Gruben,
Hinter Baum, hinter Busch, hinter Dickicht und Dorn,
Dann erwacht er und gibt seinem Rappen den Sporn
Und geschwind wie der Wind und mit blitzendem De-
gen
Eilt er nach in den Wald und dem Schicksal entgegen.

Graf Herberstorf reitet auf schäumendem Schecken,
Die Bauern zu strafen, die Bauern zu schrecken;
Wallonen, Kroaten, ein wildes Gemeng
Zieht hinter ihm her, daß die Straße zu eng.
Ein wildes Gesindel, das vielsprachig stammelt,
Aus Welschland, aus Böhmen, aus Ungarn gesammelt.
Ein Volk, für die Stimme der Menschlichkeit taub,
Nur gierig nach Mord und nach Rache und Raub.
Ein böhmischer Leutnant mit' polnischer Mütze
Auf störrischem Gaul führt das schwere Geschütze,
Auf Rädern gerollt wie heißhungrige Drachen
Kartaunen von Erz mit geöffneten Rachen;
Feldschlangen von Eisen, gebauchte Haubitzen,
Die sollen wie Kröten ihr Feuergift spritzen
Aufs wehrhafte Volk, das der Fadinger führt,
Der Tod ist der Lohn, der den Bauern gebührt.
So wälzt sich der Heerwurm in endloser Länge
Mit wüstem Gejohl und mit wildem Gepränge,
Kraushaarige Köpfe mit braunem Gesicht –
Wo bleiben die Bauern? Sie zeigen sich nicht.
Sie sind wohl zu Peuerbach dort in der Schenke,
Nicht wert, daß ein tapferer Kriegsmann sie henke.
Verkrochen wohl gar hinter Tisch oder Bank, –
Wir räuchern sie aus mit des Pulvers Gestank!

Hallo! was ist das? Warum kommt ihr zum Stehen?
Es pifft und es pafft – was ist vorne geschehen?
Beiderseits von der Straße ist tiefdunkler Wald,
Ins Freie hinaus! Wer gebietet uns Halt?
Ja, fragen ist leichter, als Antwort zu geben,
Den Fürwitz zahlt mancher Soldat mit dem Leben,
Denn seht nur, es blitzt und es wettert und kracht,
Als wäre der Wald rings zum Leben erwacht,
Als würden die Stämme, die Zweige und Aeste
Gefährliche Nachbarn, bewaffnete Gäste,
Es raschelt im Busch und es duckt sich ins Moos,
Es nimmt uns aufs Korn und drückt todsicher los;
Aus der Grube steht's auf, springt herunter vom Hügel,
Mit Morgenstern schlägt's und mit Beil und mit Prügel,

Es rennt in den Leib uns den eisernen Schaft
Und will uns erwürgen mit wütender Kraft.
Und mitten im Kampf und im Zorn und im Grimme
Ertönt wie ein Donner des Fadinger Stimme,
Die lauter als Mordschrei und Büchsenknall spricht:
»Graf Herberstorf, heut ist dein jüngstes Gericht!« –
Sind's Geier? sind's Falken? Es saust aus den Tannen,
Habt Achtung! Geht vor zum Gefecht, alle Mannen!
Graf Herberstorf ordnet die wankenden Scharen:
»Trompeter, blas auf deine hellsten Fanfaren,
Soldaten, ich teile mit euch alle Not,
Seid tapfer, sonst finden wir Schande und Tod!« –
Und todfreudig knattern des Bauernvolks Schüsse,
Die Kugeln sind Fadingers sausende Grüße,
So werfen sich Wölfe auf zitternden Troß,
Der windet sich sterbend und wird sie nicht los.
Sie zielen, sie feuern, sie hauen, sie stechen, –
»Zum Statthalter laßt uns die Mordgasse brechen!
Heut wird mancher böhmische Schädel noch platt,
Schlagt tot den Wallonen, schlagt tot den Kroat!
Graf Herberstorf, der seinen Glauben verschworen,
Ist heute mit all seinen Ehren verloren,
Graf Herberstorf, der uns zertreten das Recht,
Ist heut unsers Herrgotts gezeichneter Knecht.
Von uns hängst du keinen, versorg' deinen Kragen,
Wir wollen dich über die Heide hinjagen,
Beschmutzt ist dein Glanz und befleckt ist dein
Schmelz,
Wer heute dich tötet, dem zahlt man den Pelz!« –

Da rücken die Söldner verzweifelt zusammen,
Graf Herberstorf schürt ihrer Tigerwut Flammen,
Die Söldlinge kämpfen auf Leben und Tod,
Und heißer und heißer wird Jammer und Not.
Der böhmische Leutnant mit polnischer Mütze
Gebärdet wie rasend sich hinterm Geschütze,
Quer über die Straße reiht Rohr sich an Rohr
Und speit seinen donnernden Hagel hervor;
Die Erde erbebt wie vorm jüngsten Gericht –

Ihr Bauern, das Nachspiel gefällt euch wohl nicht?
»Das Nachspiel ist Spott, denn ihr feuert ins Blinde,«
Ruft Fadinger. »Buben, jetzt duckt euch geschwinde
Und lauft mir wie Katzen das Feldgeschütz an,
Es trifft wohl die Bäume, doch streift's keinen Mann!«
Und eh' sich die Rohre zum zweitenmal laden,
Erfahren die Söldner den Schimpf und den Schaden,
Daß wie aus dem Erdboden Michel und Matz
Emporspringt und hurra! ruft über den Platz.
Viktoria! antwortet's hinter den Bäumen, –
Ihr Söldner, nun ist es gefährlich, zu säumen,
Denn rudelweis springt's nun heran mit Gewalt,
Da ist kein Besinnen, kein Schutz und kein Halt;
Und wer nicht will kraftlos verblutend erbleichen,
Der muß in das Dunkel des Waldes entweichen.
Da sieht man in rasendem Laufe sich strecken
Zu eiliger Flucht Grafen Herberstorfs Schecken,
Laut knallen die Büchsen wohl hinter ihm drein,
Doch Tannen und Dunkelheit hüllen ihn ein;
Zerstreut und verweht ist, wie Herbstlaub im Winde,
Graf Herberstorf und sein zerschlagnes Gesinde.
Was lebt, das entflieht nach der Heide von Wels;
Der Sieger, der Fadinger, steht wie ein Fels,
Den Hut in der Hand, sich erhebend im Bügel,
Dann läßt er dem wiehernden Rosse die Zügel
Und kehrt unter Jauchzen und Waffengeschwenke
Nach Peuerbach in die Viktoriaschenke.

Siebzehntes Blatt.

Held Panstingl.

Hans Panstingl war ein feurig Blut,
Ehrgeizig ohne Grenzen,
Hielt stramm und proper Wams und Hut,
Ließ Sporn und Knöpfe glänzen.

Hans Panstingl trug den Schnauzbart hoch, –
Wer hat nicht seine Schwächen? –
Auch liebt' er's, durch das Nasenloch
Wie ein Franzos zu sprechen.

Hans Panstingl war ein Kriegsmann schmuck,
Ein Held von feinen Sitten,
Und gab's wo einen tapfern Schluck,
Er ließ nicht lang sich bitten.

Hans Panstingl war ein Kriegsmann schlau.
Tat nie sein Herz verschenken,
Doch ließ er mancher Maid und Frau
Ein zärtlich Angedenken.

Hans Panstingl war der Inbegriff
Des Höchsten und des Besten,
Und wie er seinen Hunden pfiff,
So pfiff er seinen Gästen.

Hans Panstingl stund bei Gott dem Herrn
Absonderlich in Gnaden,
Und vor der Kirchtür hielt er gern
Die schönsten Wachtparaden.

Hans Panstingl war mit aller Welt
Kurz, barsch und ungeduldig,
Ein Fußtritt war sein kleines Geld,
Das große – blieb er schuldig.

Der Heißsporn wollt' ins Himmelreich
Einreiten stolz – auf Ehre!
Die Bauern spielten ihm den Streich,
Erschossen ihm die Mähre.

Maustot fiel um der arme Braun',
Der Held sprang auf mit Fluchen,
Er schwang sich übern nächsten Zaun,
Das weite Feld zu suchen.

Hans Panstingl donnert durchs Staket:
»Fahrt wohl, ihr feigen Schurken!
Wenn ihr mich jemals wiederseht,
So hackt mich klein wie Gurken.

Glaubt ihr, daß ich den Weg verlier'?
Da mögt ihr lange warten!
Ich trag' als schlauer Fuchs bei mir
Die Generalstabskarten.«

Achtzehntes Blatt.

Krakowitz, der Archivar.

Ja, das war eine schlimme Zeit
Zu Linz mit Weh und Ach,
Die Kugeln schlugen weit und breit
In manches fromme Dach.

Graf Herberstorf, der Eisenkopf,
Rief: »Unser Schloß ist fest,
Und hätt' ich Ratten nur im Topf,
Ich will nicht aus dem Nest.

Ich bin ein alter Edelmann,
Der nie nach Gnade ruft.
Und wenn ich mich nicht halten kann,
Ich spreng' mich in die Luft.«

Da jammert manche schöne Dirn:
»Herzliebster, nun ist's aus!«
Da flucht der Wirt »zur goldnen Birn«
»Kein Stammgast kommt ins Haus!«

Da nagt die Gier am letzten Bein
In Schloß und Turm und Stadt,
Da schleicht sogar das Zipperlein
Sich aus dem Magistrat.

Die Ratsherrn sitzen stumm und starr
Auf ihrem Ehrensitz,
»O Teufel!« ruft der Archivar,
Der Doktor Krakowitz.

»Hab' ich des Lands geheim Archiv
Darum so treu gepflegt,
Daß man mir Handfest, Urkund, Brief
Wohl gar zum Teufel trägt?

Hab' ich Majuskeln exzerpiert.
Enträtselt Palimpsest,
Daß Bartel sich die Stiefel schmiert
Mit meines Goldlacks Rest?

Hinab ins tiefste Kellerloch
Mit Schrift und Pergament,
Bevor die heiße Flamme noch
Mein Inventar verbrennt.

Herbei, was Arm und Beine hat.
Zu Hilf' mit Hand und Fuß!« –
Zustimmend nickt der hohe Rat
Zum eiligen Beschluß.

Was rings an Tröstern ohne Zahl
In Kalbsfell und in Schwein
Geordnet stand im Büchersaal,
Das fuhr zum Keller ein.

Zum Landeskeller tief und breit
Und unergründlich gar,
Gewölbt zu Barbarossas Zeit –
Das weiß der Archivar.

Er weiß noch mehr, er ist ein Mann
Von Gründlichkeit und Kraft,
Er hat so manchen Zug getan
Von goldner Weisheit Saft.

Er selber treibt mit langem Stab
Die Träger ab und zu,
Schleppt manches schwere Buch hinab
Und gönnt sich keine Ruh.

Er atmet süßen Wohlgeruch
Uralter Geisteskost
Und schlürft bei jedem Hundert Buch
Ein Tröpfchen alten Most.

Und jedes Buch und jedes Blatt
Wird – dreimal überzählt;
Er schlürft und schlürft und wird nicht satt,
Vergißt die ganze Welt.

Wo vormals »Gumpoldskirchner« stund,
Steht jetzt ein Foliant;
Er prüft den Keller bis zum Grund –
Ein Kelchglas in der Hand.

Ein Kellerschemel lang und breit
Ist sein Gedankensitz,
So sinnt und prüft er lange Zeit,
Der Doktor Krakowitz.

Und wie's nun dunkelt ganz und gar.
Da schließt er fromm sich ein:
Denn niemand, als der Archivar,
Soll bei den Büchern sein.

Neunzehntes Blatt.

Achaz Willinger von der Au.

Achaz Willinger von der Au,
Katering und Tobel
Sitzt in seinem Feldverhau
Wie der König Nobel.

Schanzwerk hat er hoch getürmt
Zum Versteck den Leibern,
Seine Bauern wohlgeschirmt
In der Au zu »Weibern«.

Und vor ihm steht der »Student«
In blutroten Hosen,
Der sich »Feldkriegsschreiber« nennt –
Ohne Rigorosen. –

Hält in seiner Hand ein Blatt,
Liest mit lautem Munde,
Welches Dorf und welche Stadt
Schwört zum Bauernbunde:

»Herr! die Zahl ist nicht gering,
Freistadt, Wels und Gmunden,
Böcklabruck und Efferding
Sind schon überwunden.

Steyr und Garsten sind in Not,
Ein gewaltiger Brüller
Schreit sie nieder in den Kot:
Lazarus Holzmüller.

Ist ein Doktor lobesam,
Der mit Purgamenten,
Heißem Tee und kaltem Schwamm
Schreckt die Patienten.

Nur noch Enns und Linz allein
Widerstehn den Bauern.« –
Achaz lacht und kreuzt das Bein:
»Wird nicht lang mehr dauern.

Fadinger ist Herr im Land,
Lustig wird der Reigen!
Ich bin seine rechte Hand,
Bursche, du wirst steigen.

Schaff mir frischen Wein, Gesell,
Hier auf diesem Platze,
Und mit deiner Stimme hell
Sing von meinem Schatze.« –

Achaz Willinger von der Au,
Katering und Tobel
Kneipt in seinem Feldverhau
Wie der König Nobel.

Zwanzigstes Blatt.

Der Todesritt.

Herr Stefan Fadinger, der Held,
Wacht auf mit finstern Sorgen,
Er tritt vor Linz aus seinem Zelt
An Gottes frühem Morgen.

Sein Haupt, sein Blick, sein Wehrgeschoß
Sind stattlich wie vorzeiten,
Er ruft nach seinem schwarzen Roß,
Auf Kundschaft will er reiten.

»O Herr,« – so warnt sein treuer Knecht –
»Geht heut nicht vor die Schanzen,
Das bayrisch Kriegsvolk zielt nicht schlecht,
Die heißen Kugeln tanzen.

Elendig liegt manch braver Mann
Mit blutigem Haupt im Graben,
Der Himmel weiß, was kommen kann,
Es krächzen so die Raben.«

»Ei, laß sie krächzen, wenn sie's freut!
Das läßt mich unverdrossen;
Das Blei für meine Sterbenszeit
Ist lang noch nicht gegossen.

Ich bin noch schuldig meine Wett'
Gott und den armen Leuten,
Ich hab' noch nicht die sieben Städt'
Des Lands, um das wir streiten.

Drum frisch auf!« ruft der Feldhauptmann,
»Ob auch die Kugeln tanzen,
Mich freut's, wenn ich verspotten kann
Den Feind vor seinen Schanzen.«

Er springt aufs Roß, gibt ihm den Sporn
Und bändigt's mit dem Zügel,
Es wiehert laut vor Mut und Zorn,
Steigt auf, als hätt' es Flügel.

»Mir nach!« ruft Fadinger der Held
Und läßt die Klinge blitzen,
Wie der Sturmwind saust er übers Feld,
Ihm folgen scharf die Schützen.

Vom Wall zu Linz kommt Blitz und Rauch,
Doch vorwärts sprengt der Reiter,
Die Furcht ist hier nicht Landesbrauch –
Nur weiter! immer weiter!

Bevor der Knecht ihn halten will.
Erreicht er schon den Graben,
Betrachtet sich das Landhaus still:
»Heut müssen wir's noch haben.

Zusammenblas' ich wie der Sturm
Das morsche Nest der Bürger,
Als Windfahn' häng' ich auf den Turm
Den Herberstorf, den Würger.«

»Zurück!« beschwört ihn der Genoß,
»Du bist zu weit geritten,
Tollkühnheit ist's, du stellst dich bloß,
O Herr, laß dich erbitten!«

»Hast Furcht? so schaff dich selber fort;
Kein Hund ist auf der Lauer.« –
Da duckt sich in der Scharte dort
Ein Landsknecht auf der Mauer.

»Beim Torturm soll die Bresche sein;
Hier durch – und Linz liegt offen!« –
Da blitzt vom Wall ein Feuerschein,
Es kracht, es hat getroffen.

Der Landsknecht jauchzt, der Landsknecht winkt,
Viktoria! schreit's im Schwarme,
Der Rappe steigt, der Reiter sinkt,
Liegt seinem Knecht im Arme.

Nun wird's lebendig hier und dort.
Vorm Wall und auf den Schanzen,
Viktoria heißt das Losungswort,
Die Todeskugeln tanzen.

Nun wird's lebendig dort und hier,
Es rennt aus Tor und Mauern;
Todwunder Held, Gott sei mit dir!
Schützt seinen Leib, ihr Bauern!

Ist er auch stumm, er atmet noch.
Laßt ihn nicht elend sterben.
Mit euren Armen hebt ihn hoch,
Entführt ihn dem Verderben!

Kreuzt eure Büchsen, legt ihn drauf,
Sie sollen ihn nicht haben!
Treibt sie zurück im Sturmeslauf
Und werft sie in den Graben!

Verzweifelt ficht der treue Knecht,
Haut, was ihm trotzt, in Stücken
Und deckt als Letzter im Gefecht
Dem teuern Herrn den Rücken.

Zum Himmel blickt der wunde Held
Im Schutz der treuen Mannen,
Sie tragen ihn durchs blutige Feld
Im Sturmesschritt von dannen.

Sie tragen ihn durch Rauch und Dampf;
Oh, wie sich alle neigen!
O böser Tag! o schlimmer Kampf!
Unseliger Todesreigen!

Nun ist's mit Glück und Stolz vorbei;
Durchs Lager hört man schallen
Lautjammernd einen einzigen Schrei:
»Der Fadinger ist gefallen!«

Und rastlos führt ihn fort der Troß,
Man rettet ihn mit Jammer
Nach Ebelsberg aufs feste Schloß
In eine stille Kammer.

Da kommt auch der getreue Knecht,
Sein Schritt will nichts mehr taugen,
Er ist zerschlagen vom Gefecht:
»Herr, schließ noch nicht die Augen!

Ich geh' vor dir zur ewigen Ruh,
Laß deine Hand mich küssen,
Bin selbst ja todeswund wie du,
Und sterb' zu deinen Füßen.« –

Einundzwanzigstes Blatt.

Die letzte Ehre.

Wie ein Herold geht die Kunde
Durch das Land voll Schmerz und Not,
Ausgeblutet hat die Wunde,
Stefan Fadinger ist tot.

Von den Bergen tönt's hernieder
Brausend in das tiefste Tal,
Alle Glocken klingen's wider
Mit erschütternd lautem Schall:

»Stellt euch ein zur ernsten Feier,
Schwarze Bauern, Mann für Mann,
Euer Retter und Befreier
Tritt die letzte Reise an.«

Und ein ungeheurer Jammer
Treibt das arme Volk umher.
In der Hütte, in der Kammer
Bleibt kein Auge tränenleer.

Wilder Klageschrei erschüttert
Ebelsberg, das alte Schloß,
Glanz von Leichenfackeln zittert,
Und es donnert das Geschoß.

Ohne Priesterspruch und Segen,
Marmorstumm und marmorbleich
Liegt im Sarg der tote Degen –
Aber Gott ist gnadenreich.

Sarg und Leichnam wird gehoben
Auf ein dunkelschwarz Gespann,
Und viel heiße Tränen loben
Den geliebten, treuen Mann.

Schön geschmückt mit grünen Zweigen
Wird des Helden letztes Haus,
Und der alte Bauernreigen
Klingt noch einmal weit hinaus.

Trommelwirbel wird geschlagen
Zu des Niebesiegten Preis,
Und es folgt dem Trauerwagen
Mann und Weib und Kind und Greis.

Haupt an Haupt auf Weg und Straßen
Steht das Volk mit nacktem Fuß,
Sucht das Bahrtuch zu erfassen,
Weint und winkt zum letzten Gruß.

In den Klang erhabner Lieder
Mischt der Schmerz sich wild und laut.
Und zur Erde wirft sich nieder,
Wer den Zug noch einmal schaut.

Kriegsfanfaren, trotzige Weisen
Klingen aus dem düstern Troß,
Und ein Reiter, ganz in Eisen,
Sitzt auf des Gefallnen Roß.

Freiheitskämpfer, unerschrocken,
Sind des Zuges reisige Wacht,
Und ein Greis mit weißen Locken
Trägt das Banner wie zur Schlacht.

Unaufhaltsam wandelt weiter
Das Gefolg; aus tiefem Tal
Grüßt herauf zum ersten Reiter
Efferding im Abendstrahl.

Mächtiger tönen auf die Lieder,
Greller klingt der Glockenklang,
Und die Wallfahrt steigt hernieder,
Lenkt zum Kirchhof ihren Gang.

Jetzt verstummen Lied und Klänge,
Und man hebt den Sarg herab;
Wie ein Heerbann steht die Menge
Um des Helden offnes Grab.

Aus des Kirchhofs heiliger Halle
Tritt kein Priester, der da spricht:
»Ob der Leib zu Staub zerfalle,
Seele, du bist ewiges Licht.«

Blind verflucht vom heiligen Wahne,
Ruht der Held am letzten Ort,
Nur der Alte mit der Fahne
Hebt das Haupt und spricht das Wort:

»Kommt herbei, ihr Schmerzenskinder,
Legt auf diesen Sarg die Hand!
Der hier ruht, der arme Sünder,
War der beste Hort im Land.

Aus des Volkes Mark entsprossen,
Trug er in der Brust ein Herz,
Das sein bestes Blut vergossen
Uns zum Heil und ihm zum Schmerz.

Wenn er fehlging auf dem Pfade,
Menschlich stieß an manchen Stein,
Gott ist herrlich reich an Gnade,
Wird ein milder Richter sein.

Brüder, laßt den Sarg uns senken;
Weh dem, der dies Grab entweiht!
Ehre seinem Angedenken!
Ruh' in alle Ewigkeit!«

Zweiundzwanzigstes Blatt.

Der Bauernhügel.

Vor Gmunden lagert der Student
Hoch oben auf dem »Kogel«,
Er führt ein scharfes Regiment,
Der heimatlose Vogel.

Er ist der Sieger von Wolfseck
Mit seinen schwarzen Rotten;
Er ruft: »Ich bin des Landes Schreck,
Ich räch' all unsre Toten.

Herr Christoph Zeller kam zu Fall,
Es will uns nichts mehr glücken, –
Horcht auf! ich hör' Trompetenschall,
Der Feind ist uns im Rücken.«

»Laßt uns hinunter,« ruft der Held,
»Vor Pinsdorf auf den Rasen,
Wir sind von Reitern rings umstellt,
Die Pappenheimer blasen.«

» *Fiducit*!« ruft er zornig aus,
»Hinein in die Schwadronen!
Ich fecht' in meinem schwarzen Flaus
Mit Koller und Kanonen.

Nur hoch das Herz, ihr braven Leut',
Und laßt die Büchsen knallen;
Ist's aber Gottes Wille heut,
So laßt uns ehrlich fallen.

Kein Pulver mehr? Nun, laßt's nur sein!
Das soll uns nicht erschrecken,
Wir schlagen mit den Kolben drein,
Als wie mit Haselstecken.«

Geschlagen wird die letzte Schlacht,
Das Blut rinnt wie ein Bronnen,
Die Freischar weicht der Uebermacht,
Kein Bauer ist entronnen.

Die Toten liegen hoch zuhauf
Für Geier und für Raben,
Man schüttet einen Hügel auf.
Die Opfer zu begraben.

Der große Kampf hat ausgetobt,
Graf Pappenheim, der Retter,
Wird laut gerühmt, wird hoch gelobt,
Zum Hügel kommt kein Beter.

Es fällt der Tau, es grünt das Gras,
Der Schnee sinkt aus der Wolke,
Und nur der Hügel weiß noch was
Von dem begrabnen Volke.

Dreiundzwanzigstes Blatt.

Herberstorfs Ende.

Im Seeschloß Ort zu Gmunden,
Da zählt mit Müh' und Not
Ein Greis die letzten Stunden,
Es pocht ans Tor der Tod.

Des Kranken Augen blicken
Mit fieberhaftem Glanz,
Und seine Finger drücken
Angstvoll den Rosenkranz.

Die Sucht hat ihn befallen,
Die Blut und Mark verschlingt,
Ein Wimmern nur und Lallen
Von seinem Munde dringt.

Graf Herberstorf der Recke
Vergeht in Todesschmerz,
Er wähnt, des Saales Decke
Senke sich auf sein Herz.

Er glaubt, der Abendhimmel
Sei dunkelrot von Blut,
Im ärgsten Schlachtgetümmel
War ihm nicht so zumut.

Wohl betet eine Nonne
Eintönig fort und fort,
Doch Geistestrost und Wonne
Quillt nicht aus ihrem Wort.

Das Licht geweihter Kerzen
Erhellt ihr Antlitz fahl,
Es dringt zu seinem Herzen
Kein lichter Hoffnungsstrahl.

Von seinem bleichen Munde
Quillt kalter, blutiger Schaum,
Es schickt die letzte Stunde
Ihm einen bösen Traum:

Wohl dreißig greise Männer
Stehn zitternd um ihn her.
Er blickt von seinem Renner,
Als ob er steinern wär'.

Es jammern laut die Alten:
»Wir haben Kind und Weib,
O Herr, laß Gnade walten.
Verschone unsern Leib!«

Er aber läßt sie schreiten
Zum Würfelspiel heran.
Auf Tod und Leben streiten –
Und sterben Mann für Mann.

Wer schwarz wirft, darf umfangen
Sein schaudernd Weib und Kind,
Wer rot wirft, wird gehangen
Und baumelt hoch im Wind.

Stumm von der Linde grüßen
Die Toten Kind und Weib,
Das Kriegsvolk mit den Spießen
Verschändet ihren Leib.

Nun will der alte Degen
Hinweg vom Schreckensbaum,
Da tritt ein Weib verwegen
Vors Roß und faßt den Zaum:

»Du bist es, den ich suche,
Werwolf, ich fürcht' dich nicht!
Du bist's, den ich verfluche
Vor Gottes Angesicht!

Schnöd bist du abgefallen
Von unsers Glaubens Hort,
Laß deine Trommeln schallen,
Nichts übertäubt mein Wort.

Gib nur den Sporn dem Rappen,
Zertritt uns Glück und Recht,
Trotz Adelsbrief und Wappen
Bist du ein Henkersknecht.

Du sollst nicht ruhmvoll sterben,
Nicht in des Schlachtschmucks Zier,
Auf Stroh sollst du verderben
Als wie ein krankes Tier.

Du hast mit blutigem Grimme
Erdrosselt meinen Sohn,
Drum klagt dich meine Stimme
Laut an vor Gottes Thron.

Wenn sie dich einst begraben
Mit Pracht und Weihgeruch,
Wirst du als Denkmal haben
Einer Mutter Haß und Fluch!

Und prangt im Chor zu Münster
Dein Wappen und dein Schild,
So wird das Volk sich finster
Abwenden von dem Bild.

Und keine Hand soll schmücken
Den Marmor deiner Gruft,
Die Erde soll dich drücken,
Bis Gott der Herr dich ruft!« –

Der Traum verweht. Die Sonne
Geht düsterrot zur Ruh',
Und niemand als die Nonne
Drückt ihm die Augen zu.

Vierundzwanzigstes Blatt.

Segen des Spielmanns.

Ich kam als freier Musikant
Nach dritthalbhundert Jahren
Mit meiner Fiedel in der Hand
Zum Bauerngrab gefahren.

Ich eilte auf den Hügel zu
Mit segnender Gebärde,
Ich grüßte euch in eurer Ruh',
Ihr Toten in der Erde.

Ich sank aufs Knie vorm Leichenstein
Der euch geweiht ist, Brüder,
Ich spielte euch ins Grab hinein
Zum Grüßgott alte Lieder.

Der Kampf ist aus, der Haß ist tot,
Der Schmerz hat Ruh' gefunden,
Es leuchtet uns das Morgenrot:
Der Geist hat überwunden!

Über tredition

Eigenes Buch veröffentlichen

tredition wurde 2006 in Hamburg gegründet und hat seither mehrere tausend Buchtitel veröffentlicht. Autoren veröffentlichen in wenigen leichten Schritten gedruckte Bücher, e-Books und audio-Books. tredition hat das Ziel, die beste und fairste Veröffentlichungsmöglichkeit für Autoren zu bieten.

tredition wurde mit der Erkenntnis gegründet, dass nur etwa jedes 200. bei Verlagen eingereichte Manuskript veröffentlicht wird. Dabei hat jedes Buch seinen Markt, also seine Leser. tredition sorgt dafür, dass für jedes Buch die Leserschaft auch erreicht wird.

Im einzigartigen Literatur-Netzwerk von tredition bieten zahlreiche Literatur-Partner (das sind Lektoren, Übersetzer, Hörbuchsprecher und Illustratoren) ihre Dienstleistung an, um Manuskripte zu verbessern oder die Vielfalt zu erhöhen. Autoren vereinbaren direkt mit den Literatur-Partnern die Konditionen ihrer Zusammenarbeit und partizipieren gemeinsam am Erfolg des Buches.

Das gesamte Verlagsprogramm von tredition ist bei allen stationären Buchhandlungen und Online-Buchhändlern wie z. B. Amazon erhältlich. e-Books stehen bei den führenden Online-Portalen (z. B. iBookstore von Apple oder Kindle von Amazon) zum Verkauf.

Einfach leicht ein Buch veröffentlichen: **www.tredition.de**

Eigene Buchreihe oder eigenen Verlag gründen

Seit 2009 bietet tredition sein Verlagskonzept auch als sogenanntes "White-Label" an. Das bedeutet, dass andere Unternehmen, Institutionen und Personen risikofrei und unkompliziert selbst zum Herausgeber von Büchern und Buchreihen unter eigener Marke werden können. tredition übernimmt dabei das komplette Herstellungs- und Distributionsrisiko.

Zahlreiche Zeitschriften-, Zeitungs- und Buchverlage, Universitäten, Forschungseinrichtungen u.v.m. nutzen diese Dienstleistung von tredition, um unter eigener Marke ohne Risiko Bücher zu verlegen.

Alle Informationen im Internet: **www.tredition.de/fuer-verlage**

tredition wurde mit mehreren Innovationspreisen ausgezeichnet, u. a. mit dem Webfuture Award und dem Innovationspreis der Buch Digitale.

tredition ist Mitglied im Börsenverein des Deutschen Buchhandels.

Dieses Werk elektronisch lesen

Dieses Werk ist Teil der Gutenberg-DE Edition DVD. Diese enthält das komplette Archiv des Projekt Gutenberg-DE. Die DVD ist im Internet erhältlich auf **http://gutenbergshop.abc.de**

Zeitfracht Medien GmbH
Ferdinand-Jühlke-Straße 7
99095 Erfurt, Deutschland
produktsicherheit@kolibri360.de